Kapitalismus vs. Marktwirtschaft

Peter Hauser

Copyright © 2018 Peter Hauser, Red Horse, München
ISBN: 9781718183360
Email: hauser.p@gmx.net
All rights reserved.

EINLEITUNG 5

DIE WIRTSCHAFTSSYSTEME 8

DER KAPITALISMUS 8

DER KOMMUNISMUS 22

DIE MARKTWIRTSCHAFT 28

EIN VERGLEICH DER SYSTEME 39

STÄRKUNG DES KAPITALISMUS 43

DER FREIE MARKT 47

SPEKULATION 50

ANGRIFFE AUF DIE MARKTWIRTSCHAFT 55

MARKTDOMINANZ 56
- Kartelle 56
- Monopole 59
- Privatisierung 69
- Öffentlich-private Partnerschaften 79

INFORMATIONSASYMMETRIE 88
- Beispiele aus der Lebensmittelindustrie 92
- Beispiele aus der Technik 97
- Beispiele aus der Finanzwirtschaft 100
- Beispiele aus der Werbung 103
- Beispiele aus dem Internet 106
- Verheimlichen der Produktionsbedingungen 109
- Verheimlichen von Gefahren 116
- Freihandelsabkommen 120

ABBAU VON SOZIALSTANDARDS   **124**
    Propaganda gegen Arme   126
    Arbeitsbedingungen   130
    Steuern   136
    Sozialversicherungen   142

DER SCHUTZ DES MARKTES   147

DIE MARKTWIRTSCHAFT   147

DIE ROLLE DES STAATES   149

Einleitung

Der Titel des Buches mag eigenartig erscheinen: „Kapitalismus vs. Marktwirtschaft", so als kämpften zwei Systeme gegeneinander, die sich spinnefeind sind. Doch ist es nicht so, dass Kapitalismus und Marktwirtschaft Synonyme sind, unterschiedliche Bezeichnungen für ein und dasselbe System? So jedenfalls benutzen wir die Begriffe im Alltag. Und dieses wirtschaftliche System, das diese beiden Begriffe bezeichnen, ist das wirtschaftliche System der westlichen Länder, welches Jahrzehnte lang im Kontrast zum System des Ostens stand, dem Kommunismus, der das Leben von Millionen Menschen nach dem zweiten Weltkrieg bestimmte, aber nach dem Fall der Mauer seine Macht verloren hatte. Nun gibt es weltweit bis auf wenige Ausnahmen nur noch das westliche Wirtschaftsmodell des Kapitalismus – oder eben der Marktwirtschaft.

Einen Titel wie „Kapitalismus vs. Kommunismus" oder „Marktwirtschaft vs. Kommunismus" bräuchte man nicht zu erklären. Mit dieser Gegnerschaft wurden viele Menschen noch groß, die heute die Geschicke der Nationen und der Wirtschaft bestimmen. Kapitalismus und Marktwirtschaft standen hierbei für freies Unternehmertum und Freiheit im Allgemeinen, im Gegensatz zum Kommunismus, in dem nicht nur das freie Unternehmertum durch den Staat unterdrückt wurde, sondern in dem auch jegliche freiheitliche Regung, die zu einem Machtverlust der regierenden Cliquen hätte führen können, von den alles überwachenden staatlichen Organen im Keim erstickt wurde.

Es war im freien Westen, wo der Rock'n'Roll mit seinem für die europäischen Ohren ungewöhnlichen und aggressiven Off-Beat entwickelt wurde, es war im Westen, wo die Studenten

1968 eine freiere Gesellschaft forderten, gegen den „Muff von tausend Jahren" antraten und es tatsächlich schafften, dass die Gesellschaft sich änderte und offener wurde. Es war wieder im Westen, wo die Punk-Bewegung ihr Desinteresse an den herrschenden Bedingungen ausdrückte, wo Umweltbewegungen entstanden, wo Rechte für Minderheiten erstritten wurden, und die Gesellschaften nach und nach immer freier wurden.

Der Westen hatte ein freiheitliches System, das sich beständig veränderte, eben weil es frei war und nicht dogmatisch, anders als die kommunistischen Systeme des Ostens, die mit fast religiösem Eifer an eine wirtschaftliche und politische Lehre glaubten, die man nicht in Frage stellen durfte. Der Westen hingegen wurde wirtschaftlich getragen vom Kapitalismus, vom freien Markt, von der Marktwirtschaft. Der Westen stand deshalb auch synonym für Freiheit, die die Menschen im Osten, eingesperrt hinter Mauern und Stacheldraht, verzweifelt suchten.

Es mochte zwischen den einzelnen Ländern des Westens kleine Unterschiede in der tatsächlichen Realisierung der Märkte und der wirtschaftlichen Bedingungen geben. Die USA verließen sich mehr auf den Einzelnen und bauten kaum soziale Sicherungssysteme für die Bevölkerung auf, während gerade diese in Europa besonders wichtig waren. Am stärksten wurden die Sozialsysteme in Skandinavien ausgebaut, dem schwedischen Modell folgend, das schon fast etwas Kommunistisches an sich hatte, so stark wurden dort die Reichen besteuert und die Armen mit sozialen Wohltaten „überschüttet". Doch letztlich gehörten sowohl das wirtschaftliche System der USA wie auch das schwedische Modell und alle Zwischenform in eine Kategorie. Sie waren ein kapitalistisches System des freien Marktes, eine Marktwirtschaft, die nur manchmal etwas sozialer und manchmal etwas weniger sozial ausgeprägt war.

Doch diese Einteilung der Welt in zwei Lager ist nicht korrekt, und das Bild wird auch nicht besser, wenn man Grautöne zulässt, die einen fast fließenden Übergang zwischen Kapitalismus und Marktwirtschaft auf der einen und Kommunismus auf der anderen Seite suggerieren. Die Welt ist komplizierter. Und tatsächlich sind Kapitalismus und Marktwirtschaft ebenso große Antagonisten wie Marktwirtschaft und Kommunismus.

Wer sich für den Kapitalismus stark macht, der schädigt genau genommen die Marktwirtschaft; und wer sich für die Marktwirtschaft stark macht, der spricht sich gegen den Kapitalismus aus, so wie beide sich gegen den Kommunismus aussprechen.

Diese für viele, die sonst Kapitalismus und Marktwirtschaft als Synonyme betrachten, sicherlich ungewöhnliche Behauptung soll im Folgende begründet werden. Dabei wird sich zeigen, dass der Kapitalismus für die Freiheit eine ebenso große Bedrohung ist wie der Kommunismus. Pointiert könnte man sagen: Der größte Erfolg des Kapitalismus ist, dass er alle glauben machte, dass Kapitalismus und Marktwirtschaft dasselbe seien.

Die Wirtschaftssysteme

Der Kapitalismus

Mit dem Einsetzen der industriellen Revolution im 18. Jahrhundert änderte sich die Wirtschaft auf vielfache Weise. Mehrere technische Neuerungen, die augenfälligste war die von James Watt perfektionierte Dampfmaschine, ermöglichten es nun, die menschliche Arbeitskraft durch Maschinen zu ersetzen. Doch dies sorgte nicht dafür, dass die menschliche Arbeitskraft nun überflüssig wurde, im Gegenteil. Die Maschinen ermöglichten es vor allem, viele neue Produkte herzustellen, die ohne die Maschinen nicht hätten hergestellt werden können – und dafür brauchte es nach wie vor menschliche Arbeitskräfte, auch wenn diese nun zumeist den Maschinen zuarbeiteten.

Spätestens im 19. Jahrhundert begann der Mensch mit den Produkten der Schwerindustrie die Landschaft zu verändern. Kilometerlange Eisenbahnschienen durchschnitten die Landschaft. Dank tragfähiger Stahlgerüste wuchsen die Häuser in immer neue Höhen. Der 324 Meter hohe Eiffelturm in Paris, eine rein aus Stahl geschmiedete Konstruktion, wurde im Jahr 1889, hundert Jahre nach der französischen Revolution, zum neuen Wahrzeichen der seit über 2000 Jahren existierenden Stadt an der Seine.

Zugleich wurden Kleidungen maschinell hergestellt, immer mehr Gebrauchsgegenstände von Maschinen gefertigt, und im 20. Jahrhundert backte niemand mehr sein Brot selber, sondern es wurde mit der Unterstützung von Maschinen vom Bäcker hergestellt oder gleich in riesigen Fabriken gefertigt.

Die neuen Maschinen konnten unermüdlich vierundzwanzig Stunden am Tag an sieben Tagen in der Woche arbeiten, ein Rhythmus, an den die Menschen sich anpassen mussten. Und sie ermöglichten es, alle möglichen Produkte deutlich preisgünstiger herzustellen, als dies mit reiner Menschenkraft möglich gewesen wäre.

In der Folge wuchs das Angebot an Produkten deutlich an. Über tausende Jahre nutzten die Menschen dieselben Gegenstände, die auf ähnliche Weisen produziert worden waren. Allenfalls die Formen der Gegenstände und ihre Verzierungen unterschieden sich von Region zu Region oder von Kultur zu Kultur, was dann eine örtliche und zeitliche Zuordnung erlaubt. Doch die Wagen der Römer und die Wagen der Renaissance, die Waffen dieser Zeiten und die Gebrauchsgegenstände unterschieden sich kaum voneinander, obwohl mehrere Jahrhunderte zwischen diesen Epochen lagen. All das änderte sich, als die industrielle Revolution die Massenfertigung ermöglichte. Zusammen mit den Entdeckungen der Naturwissenschaften wurden neue Produkte möglich, und diese Produkte konnten sich nun auch ärmere Leute leisten.

Die industrielle Revolution veränderte die gesamte Arbeitswelt. Bis dahin hatten die meisten Menschen auf dem Land gearbeitet, als Bauern und Tagelöhner. Nur wenige hatten sich mit der Herstellung von Gütern beschäftigt, da diese aufwendig und damit teuer waren, und deshalb nur in kleinen Stückzahlen produziert wurden. Mit der industriellen Revolution, die das Angebot an Gütern vervielfachte, wurden immer mehr Arbeitskräfte in der Industrie gesucht. Aus Bauern und Tagelöhnern wurden Arbeiter.

Doch auch die Schicht der Reichen erfuhr eine Veränderung. Bis zur industriellen Revolution war Reichtum im Wesentlichen über den Landbesitz definiert worden. Wer mehr Land besaß, der konnte mehr Landwirtschaft betreiben und mit den Produkten dieser Landwirtschaft reich werden. Der Adel besaß in Europa weite Teile der Länder, und der Adel stellte – neben

Abbildung 1: Die industrielle Revolution schuf Maschinen, Fabrikstädte, hier die Krupp-Werke in Essen, und Arbeiter.

dem Klerus, der nicht nur himmlische Reichtümer suchte, sondern auch fleißig auf der Erde sammelte – die Oberschichte der Gesellschaft.

Diese gesellschaftliche Ordnung – oben der Adel und der Klerus, unten die Bauern und die Handwerker – war über Jahrtausende stabil. Es gab diese Ordnung schon zu Zeiten des Alten Ägypten und immer noch in den Zeiten der Renaissance. Doch die industrielle Revolution veränderte auch diese feste Klassenstruktur.

Die Maschinen brauchten nicht nur Arbeiter, die sie bedienten, sondern auch Unternehmer, die sie erwarben. Das Land war einfach da gewesen, man brauchte es nur noch zu bewirtschaften. Doch eine Maschine muss gebaut werden, und dafür braucht man Geld, teilweise sehr viel Geld. Die industrielle Revolution brauchte Menschen, die bereit waren, nicht unbedeutende Summen Geld zu investieren, um damit Maschinen zu erwerben, mit denen sie Produkte herstellten, deren Verkauf es ihnen dann ermöglichte, die Investition wieder abzubezahlen und vielleicht noch einen Gewinn zu erwirtschaften.

Das Geld kam entweder aus den eigenen Schatullen – manch einer war durch Handel zu Reichtum gekommen, der Adel interessierte sich hingegen kaum für die industrielle Produktion – oder man lieh es sich von Investoren, Banken oder anderen Geldgebern. Und sowohl die Unternehmer, die selber investiert hatten, als auch die fremden Investoren, die dem Unternehmer Geld gegeben hatten in der Hoffnung, dass er es zurückzahlen werde, hofften darauf, dass ihre Investition sich nicht nur auszahlen werde, sondern auch noch eine hohe Rendite abwerfen würde. Der Kapitalist war geboren.

Der Kapitalist stellt für einen Produktionsprozess Geld bereit und hofft, am Ende dieses Prozesses nicht nur sein Geld zurückzubekommen, sondern auch noch eine stattliche Rendite einzufahren.

Die heute Finanzwirtschaft geht noch einen Schritt weiter: Sie will den Produktionsprozess umgehen und direkt aus Geld Gewinne erwirtschaften. Der Weg über die Produktion von Gütern und Dienstleistungen erscheint ihr als lästiger Umweg. In diesem Fall ist die Wirtschaft zu einem reinen Casino verkommen und eigentlich völlig überflüssig.

Der Kapitalist, ob er nun in die Realwirtschaft investiert oder nur spekuliert, hat letztlich nur ein Ziel: Er möchte eine maximale Rendite erwirtschaften. Ihn stellt es nicht zufrieden, wenn durch sein Wirken München und Berlin durch eine Eisenbahn verbunden sind, auch wenn er durch den Betrieb der Bahn sein Geld nicht zurückerhalten sollte. Er möchte durch den Betrieb der Eisenbahn seine Investition mit Gewinn zurückerhalten. Wenn er diese Perspektive nicht sähe, dann würde er nicht investieren.

Abbildung 2: Die industrielle Revolution schuf auch Kapitalisten, hier John D. Rockefeller.

Dies hat nun zur Folge, dass der Kapitalist alles tut, um sicherzustellen, dass er seine Investition zurückerhält und dass diese eine möglichst hohe Renditen abwirft. Dabei sind ihm die Mittel erst einmal egal. Er verhält sich völlig egoistisch.

Egoismus ist erst einmal etwas Negatives. Egoisten streben nur nach ihrem Vorteil. Sie kümmern sich nicht um das Leid anderer.

Doch diese Eigenschaft muss nicht unbedingt etwas Negatives sein, wie Adam Smith in seinem Werk „Der Wohlstand der Nationen" schrieb, welches 1776 erschien:

> „Wir erwarten unser Abendessen nicht aufgrund des Wohlwollens des Schlachters, des Braumeisters oder des Bäckers, sondern aufgrund ihres Eigeninteresses. Wir wenden uns nicht an ihre Menschlichkeit, sondern

an ihre Eigenliebe, und wir reden mit ihnen nicht über unsere Bedürfnisse, sondern über ihre Vorteile."
Die Motivation der Menschen, wirtschaftlich aktiv zu werden, liegt stark in ihrem Eigeninteresse begründet. Wenn man sich abrackert, doch dafür nichts erhält, warum soll man sich dann abrackern? Dass das Eigeninteresse tatsächlich eine starke Motivation ist, um wirtschaftlich aktiv zu werden, hat man an den kommunistischen Regimen gesehen, in denen der Einzelne keinen Einfluss auf den wirtschaftlichen Erfolg hatte. Dementsprechend gering war die Motivation, ökonomisch aktiv zu werden, und dementsprechend arm waren die Gesellschaften, während der Reichtum des kapitalistischen Westens immer neidisch betrachtet wurde.
Smith kannte damals den Kommunismus noch nicht. Er hatte aber, als er sein Buch schrieb, ein ähnliches System vor Augen, den Merkantilismus, in dem der Staat den Unternehmen ebenfalls vorschrieb, was sie zu tun und zu lassen hätten. Dem Merkantilismus ging es dabei nur darum, die wirtschaftliche Position des eigenen Staates zu stärken, er hatte nicht das Wohl Einzelner im Blick. Dafür mussten sich alle Unternehmer dem Ziel des Staates unterordnen, und dementsprechend unfrei war die Wirtschaft. Smith gehörte zu den ersten Philosophen, die sich für eine freie Wirtschaft aussprachen, so wie sich viele seiner Philosophie-Kollegen für eine freie Gesellschaft im Allgemeinen aussprachen. Eine freie Gesellschaft bedeutet aber erst einmal, dass man einen Unternehmer handeln lässt, wie er es für richtig hält, auch wenn sein Verhalten egoistisch ist.
Der Kapitalismus schien Smith Recht zu geben. Ließ man den Kapitalisten ihre Freiheit, wirtschaftlich zu handeln, wie sie es für richtig hielten, dann standen plötzlich Güter im Überfluss zur Verfügung. Abgesehen von den Zeiten des Krieges gab es im 20. Jahrhundert in den kapitalistischen, westlichen Ländern keine Hungersnöte mehr, unter denen in den Jahrhunderten vorher ganze Landstriche gelitten hatten. Der Kapitalismus versprach zu liefern, und er lieferte. (Oder war das ein Ergebnis der Marktwirtschaft?)

Abbildung 3: Adam Smith wollte eine freie Wirtschaft, die nicht wie der Merkantilismus vom Staat kontrolliert wurde. Dafür nahm er auch den Egoismus der Menschen in Kauf.

Smith begründete dies mit seiner Metapher der „unsichtbaren Hand", die schon dafür sorgen werde, dass das egoistische Verhalten Einiger zum Wohle aller sein werde. In seinem Buch „Der Wohlstand der Nationen" schrieb er:

> „Da jeder Einzelne so weit wie möglich bestrebt ist, sein Kapital in der heimischen Industrie einzusetzen und die Industrie so zu beeinflussen, dass ihre Produkte den größten Wert haben werden, arbeitet jeder Einzelne zwangsläufig darauf hin, die jährlichen Einnahmen der Gesellschaft zu maximieren.

Tatsächlich ist es in der Regel gar nicht seine Absicht, das öffentliche Interesse voranzubringen, noch weiß er, inwiefern er dies voranbringt. Da er die heimische über die ausländische Industrie bevorzugt, strebt er nur nach eigener Sicherheit; und da er die Industrie dahingehend beeinflusst, dass ihre Produkte den größtmöglichen Wert haben, strebt er nur nach größtmöglichem Gewinn; dabei wird er, wie bei so vielen Dingen, durch eine unsichtbare Hand geleitet, so dass er ein Ziel voranbringt, das gar nicht sein Ziel war. Auch ist es nicht immer zum Schaden der Gesellschaft, dass er dieses Ziel gar nicht hatte. Indem er seine eigenen Ziele verfolgt, bringt er die Gesellschaft regelmäßig effektiver voran, als wenn er die Ziele der Gesellschaft verfolgen würde."

Schon ein paar Jahre vorher hatte er in seinem Werk „A Theory of Moral Sentiments" geschrieben, dass die Reichen

„von einer unsichtbaren Hand geführt werden, um beinahe dieselbe Verteilung der lebensnotwendigen Bedarfsgüter durchzuführen, die entstanden wäre, hätte man die Erde unter ihren Bewohner in gleiche Anteile aufgeteilt."

Die unsichtbare Hand sollte trotz des Egoismus des Einzelnen nicht nur dafür sorgen, dass die Gesellschaft von ihrem Handeln profitiert, sondern auch, dass es allen besser gehen würde. Der britische Ökonom John Maynard Keynes hatte dies einmal so zusammengefasst:

„Der Kapitalismus ist der verblüffende Glaube, dass die bösesten Männer die bösesten Dinge für das größte Wohl aller tun werden."

Denn natürlich waren die Dinge nicht so einfach, wie dies in den Zitaten von Adam Smith anklingt.

So gab es durchaus Menschen, die keinerlei Skrupel kannten und sich auch teilweise mit illegalen Mitteln bereicherten; denn in den wirklich freien Märkten gab es niemandem, der ihrem

Handeln Grenzen setzte. In den USA bezeichnete man sie als „Räuberbarone".

Einer der berühmtesten Räuberbarone war der aus Schottland stammende Andrew Carnegie (1835 – 1919). Ähnlich wie Krupp in Deutschland nutzte er als einer der ersten in den USA das Bessemer Verfahren zur Stahlherstellung. Dieses Verfahren war im Jahr 1856 vom Engländer Henry Bessemer erfunden worden. Bei diesem Verfahren wird das erhitzte Roheisen in einen großen feuerfesten Behälter gegossen (der „Bessemerbirne"), wobei durch Düsen im Boden Luft durch das flüssige Metall gepresst wird. So verbrennen unerwünschte Bestandteile wie Kohlenstoff, Mangan und Silizium, während die Verbrennungshitze den Stahl flüssig hält, so dass er direkt in Formen gegossen werden kann und nicht erst als kompakter Gussstahlblock bearbeitet werden muss. Mit diesem Verfahren ließ sich in 20 Minuten so viel Stahl produzieren wie vorher an einem Tag.

Doch Carnegie reichten die Vorteile, die ihm das bessere Verfahren boten, nicht. Er wollte mit aller Macht den Markt für Stahl erobern, und so drückte er die Kosten für die Stahlherstellung, wo er nur konnte. Wie es auch heute oft der Fall ist, so fand er diese Möglichkeit damals bei seinen Arbeitern: Im Jahre 1892 wollte er die Löhne seiner Arbeiter in einem Walzblechwerk in Homestead, Pennsylvania um ganze 18 Prozent drücken, obwohl dieses Werk im Vorjahr einen Gewinn von 4,3 Millionen Dollar eingefahren hatte und hochproduktiv war. Angeführt von der Gewerkschaft „Amalgamated Association" kam es zum Streik, doch Carnegie ließ Streikbrecher in sein Werk fahren, die von der Polizei gegen Übergriffe der Gewerkschaftler geschützt wurden. Nach mehr als vier Monaten Arbeitskampf gaben die Arbeiter schließlich nach – aber Carnegie ließ nur noch die Arbeiter in sein Werk, die nicht der Gewerkschaft angehörten. In den folgenden fünf Jahren würde er die Löhne noch einmal um 20 Prozent kürzen, wobei er zugleich die Arbeitszeit pro Schicht von 8 auf 12 Stunden verlängert. Die Nachricht vom Sieg über seine

Arbeiter erhielt Carnegie übrigens in seinem Italienurlaub. Seine Antwort war zugleich knapp wie zynisch: „Gratulation! Leben jetzt wieder lebenswert, Italien wunderschön."
Ebenso skrupellos in seinem Geschäftsgebaren zeigte sich Cornelius Vanderbilt (1794 – 1877). So wie Carnegie in Stahl investierte, profitierte Vanderbilt von einem weiteren Pfeiler der modernen Industriegesellschaft: Dem Transport durch Dampfschiffe und mit der Eisenbahn. In den 1850er Jahre gehörte ihm eine Flotte von gut 100 Dampfschiffen, doch sein Imperium sollte deutlich wachsen, nachdem er sich einem anderen Transportmittel zuwandte: Nach dem amerikanischen Bürgerkrieg (1861 – 1865) investierte er groß in den Ausbau des Eisenbahnnetzes, und schon bald gehörten ihm die wichtigsten Eisenbahnlinien der USA. Bei seinen Geschäften kannte er keinen Skrupel. Schon im Jahr 1848 hatte er 10.000 Dollar in einen Staatsstreich in Nicaragua investiert, mit der Bedingung, dass die Putschisten ihm das exklusive Wegerecht für eine Passage an die amerikanische Westküste einräumen. Mit seiner Firma „American Atlantic and Pacific Ship Canal Company" transportierte er dann Waren teils über Flüsse und Seen, teils über eine Eisenbahnlinie, durch die Engstelle Nicaragua vom Atlantik zum Pazifik. Später schrieb er an ehemalige Geschäftspartner, von denen er sich betrogen fühlte: „Gentlemen, sie haben versucht, mich zu betrügen. Ich werde Sie nicht verklagen, das dauert zu lange. Ich werde Sie ruinieren." Was er dann auch tat.
Der wohl erfolgreichste Räuberbaron war jedoch John D. Rockefeller (1839 – 1937). Im Jahre 1863 gründete er mit einem Partner eine kleine Erdöl-Raffinerie in Cleveland, Ohio, die 1870 in „Standard Oil Company" umbenannt wurde. Eine Tochterfirma Rockefellers, die „South Improvement Company", behauptete gegenüber den Eisenbahnfirmen die Mehrheit der amerikanischen Ölgesellschaften zu vertreten, auch wenn sie im Wesentlichen nur für Rockefellers Raffinerien sprach. Durch diesen Trick gelang es ihm jedoch, bedeutende Rabatte mit den Eisenbahngesellschaften auszuhandeln. Zwar

Abbildung 4: Während der Kapitalismus immensen Reichtum schuf – wie hier der Konzertsaal in der Villa Hügel der Familie Krupp...

flog die Verschwörung auf, doch in weiteren Geheimverhandlungen erhielt Rockefeller dann seine Rabatte und konnte sein Öl so kostengünstiger als die Konkurrenz transportieren.

Mit dem gemachten Profit begab sich Rockefeller auf Einkaufstour. Nach und nach kaufte er immer mehr Raffinerien auf, wobei er die Besitzer kleinerer Raffinerien massiv unter Druck setzte, so dass er ihre Anlagen zu etwa 40 Prozent des eigentlichen Wertes erwerben konnte. Wehrte sich jemand gegen Rockefellers Übernahmeangebot, dann kam es schon einmal zu Unfällen, so etwa als die Betriebsstätte der Vacuum Oil Company 1879 in die Luft flog. Zwar gelang es, den Täter zu fassen, der auch zugab, seinen Anschlag im fremden Auftrag ausgeführt zu haben, doch weder Rockefeller noch seine Direktoren wurden belangt. Rockefeller hatte nämlich schon früh damit begonnen, wichtige Persönlichkeiten in den Parlamenten und Regierungen zu schmieren.

In den 1880er Jahren kontrolliert Rockefeller von seinem New Yorker Büro aus 90 Prozent des amerikanischen Raffineriegeschäfts, fast alle Pipelines in den USA und große Teile des Handels. Praktisch das gesamte amerikanische Ölgeschäft befand sich damit unter seiner Kontrolle.
Diese drei Räuberbarone – Carnegie, Vanderbilt und Rockefeller – gehören, wenn man ihr Vermögen inflationsbereinigt betrachtet, zu den reichsten Männern aller Zeiten. Carnegie kam auf ein Vermögen, das heute 75 Milliarden Dollar wert wäre, Vanderbilt auf umgerechnet 143 Milliarden Dollar und Rockefeller auf sagenhafte 192 Milliarden Dollar.
Doch während einige wenige von den Freiheiten profitierten, die ihnen das kapitalistische System bot, in dem der Unternehmer machen konnte, was er wollte, gab es zahllose Verlierer. Das Heer der Arbeiter lebte in immer größerer Armut. Zurück aufs Land, von dem sie auf der Suche nach Arbeit in die Städte gekommen waren, konnten sie nicht mehr. Die Bevölkerung wuchs während der industriellen Revolution, und neue Technologien verbesserten auch die Erträge auf den Äckern – während zudem immer weniger Arbeitskräfte zur Bewirtschaftung der Äcker benötigt wurden. Die Menschen konnten nur darauf hoffen, Arbeit in den Städten zu finden, in den Fabriken der industriellen Revolution.
Doch dort erwartete sie das nackte Elend. Sie bekamen einen Lohn, der gerade ausreichte, dass die Arbeiter sich und ihre Familie ernähren konnten. Schon der kleinste Luxus war ihnen nicht vergönnt. Und wurden sie krank und konnten nicht arbeiten, dann fiel dieses magere Einkommen auch noch weg. Die Familie musste meist in einem einzigen Zimmer wohnen, wo die Familienmitglieder aßen, lebten und schliefen. Die Zimmer waren klein, dunkel, schlecht belüftet und oft mit Schimmel befallen. Viele ernährten sich von Abfällen, weil das Einkommen für eine anständige Nahrung nicht ausreichte. Der Gesundheitszustand vieler Arbeiter war erbärmlich. Schon die Kinder der Arbeiter fielen durch blasse Gesichter und

Abbildung 5: ... schuf er auf der anderen Seite auch unglaubliche Armut, hier Bewohner eines Slums in Glasgow aus dem 19. Jahrhundert.

gekrümmte Glieder auf, denn sie mussten schon in jungen Jahren arbeiten. Schließlich verbot der Staat die Arbeit für Kinder unter neun Jahren – weil die späteren Erwachsenen dann so krank waren, dass sie nicht mehr für den Militärdienst taugten.

Die durchschnittliche Lebenserwartung für Arbeiter in Liverpool betrug im Jahr 1840 etwa 15 Jahre, während die durchschnittliche Lebenserwartung eines Mitgliedes der Oberschicht 35 Jahre betrug. Dieser große Unterschied war zum einen darauf zurückzuführen, dass Arbeiter bei weitem nicht so alt wurden wie die Reichen, und zum anderen war die Kindersterblichkeit bei den Arbeitern fast dreimal so hoch wie in der Oberschicht. Ganze 57 Prozent der Arbeiterkinder starben, bevor sie das fünfte Lebensjahr erreicht hatten, während in der Oberschicht „nur" 20 Prozent der Kinder vor dem fünften Lebensjahr verstarben. Der amerikanische Bestsellerautor Jack London, der ein paar Wochen im Londoner Slum unter den Ärmsten der Armen lebte, bezeichnete die Lebens- und Arbeitsbedingungen dort als „huge man-killing machine" (riesige, menschentötende Maschine).

Die industrielle Revolution hatte sicherlich phänomenale technische Verbesserungen gebracht. Doch wer sehen wollte, dem war klar, dass die politischen und wirtschaftlichen Verhältnisse sich ändern mussten. Ein wirtschaftliches System, welches die Mehrheit der Menschen in bitterer Armut hält, widerspricht jedem Gerechtigkeitsgefühl und kann auf Dauer nicht funktionieren.

Der Kommunismus

Die erbärmlichen Lebensumstände der Arbeiter führten dazu, dass sich die Arbeiter in Gewerkschaften und politischen Parteien vereinigten, um gemeinsam gegen die Ausbeutung durch die Kapitalisten zu kämpfen. Der Staat jedoch, bei dem die Macht wie in den Zeiten des Feudalismus allein in den Händen der Mächtigen, sprich der Kapitalisten, lag, ging gegen diese Arbeitervereine vor. In vielen Ländern wurde es verboten, dass die Arbeiter ihre Gehälter kollektiv verhandelten. Deutschland ging in er zweiten Hälfte des 19. Jahrhunderts unter dem Reichskanzler Bismarck sogar so weit, dass jegliche Aktivität in sozialistischen Gruppierungen verboten wurde.
Doch selbst als sich der Staat gegen die Arbeiter stellte und viele von ihnen einsperrte, kämpften andere furchtlos weiter für das Wohl der Arbeiter. In Deutschland führte dies dann zu einem teilweisen Umdenken: Zwar blieben sozialistische Aktivitäten verboten, aber der Staat kam den Arbeiter entgegen, auch um die Arbeiterbewegung zu schwächen.
Eins der großen Probleme für die Arbeiter war, dass sie bei Krankheit in ein noch größeres Elend abrutschten; Nun verdienten sie kein Geld mehr und mussten sogar noch Geld für den Arzt und Medikamente aufbringen, um wieder gesund zu werden. Doch Ersparnisse, um die Zeit ohne Einkommen zu überleben, besaßen die Armen schlichtweg nicht, da ihnen der Lohn gerade das tägliche Überleben ermöglichte. Viele Arbeitervereine sammelten Geld, um denen zu helfen, die krank wurden, sich aber keinen Arzt leisten konnten. Der Staat hatte sich den Arbeitern gegenüber nie so fürsorglich gezeigt.
Im Jahr 1883 trat deshalb in Deutschland eine Krankenversicherung für die Arbeiter in Kraft, wohlgemerkt: Nur für die Arbeiter. Selbstständige, gutverdienende Angestellte und Beamte waren hiervon ausgenommen, nur die weniger Geld verdienenden Arbeiter mussten dieser Krankenversicherung beitreten. Der Grund dafür war, dass

Abbildung 6: Bismarck versuchte die Arbeiter mit einer Mischung aus Zuckerbrot und Peitsche ruhig zu stellen.

dem Staat nicht so sehr das Wohl der Arbeiter am Herzen lag, sondern dass er die Krankenversicherung einführte, um die Arbeiter von den Arbeitervereinen zu entfernen. Bismarck beschrieb dies in seiner Biografie so:

> „Mein Gedanke war, die arbeitenden Klassen zu gewinnen, oder soll ich sagen zu bestechen, den Staat als soziale Einrichtung anzusehen, die ihretwegen besteht und für ihr Wohl sorgen möchte."

Wenn die Arbeiter Geld in die Krankenversicherung zahlen müssten, so sein Kalkül, dann hätten sie weniger Geld für die Arbeitervereine, die dann ihre Macht verlieren würden. Diese politische Taktik ist der Grund, weshalb es in Deutschland heute immer noch diese bizarre Grenze zwischen

Arbeitnehmern gibt, die sich zwangsweise krankenversichern müssen, und denen, die sich frei aussuchen dürfen, wie sie versichert sein möchten; denn die Loyalität der Beamten und Reichen musste Bismarck nicht erkaufen. Die hatte er sowieso. Als andere Länder ebenfalls eine Krankenversicherung einführten, da hatten sie nicht Bismarcks machiavellischen Hintergedanken, sondern sie wollten tatsächlich nur eine Krankenversicherung für ihr Volk einführen. Deshalb sind dort in der Regel alle Bürger versichert, und die Versicherungspflicht gilt nicht nur für den ärmeren, arbeitenden Teil der Bevölkerung wie in Deutschland.

Trotz der Verbote und Bestechungsversuche des Staates den Arbeitern gegenüber gärte es bei den Arbeitern weiter. Ihre Lebenssituation veränderte sich dadurch ja nicht wirklich. Doch ein Philosoph gab ihnen Mut. Er glaubte, eine Zeit zu erkennen, wo die Geknechteten die Macht übernehmen würden.

Karl Marx analysierte in seinem epochalen Werk „Das Kapital" die wirtschaftliche Situation. Er beschrieb die Ausbeutung der Arbeiter und erklärte sie, doch er ging noch einen Schritt weiter: Prophetisch sagte er voraus, wie sich die Gesellschaft verändern würde. Die Arbeiter stellten in jedem Industrieland die große Mehrheit der Bevölkerung. Irgendwann würde es zu einer Revolution kommen, in der sich die geknechteten und ausgebeuteten Arbeiter gegen die Minderheit der Kapitalisten erheben würden. Es käme zu einer Diktatur des Proletariats, in der die Machtverhältnisse umgekehrt würden. In der Folge würde der Privatbesitz an Produktionsmitteln verstaatlicht, und es entstände eine klassenlose Gesellschaft, der Kommunismus. Der Kommunismus (vom lateinischen Wort communis für gemeinsam) beschreibt eine Gesellschaft, die auf der Idee sozialer Gleichheit und Freiheit alle Gesellschaftsmitglieder basiert, in der es nur gemeinsames Eigentum und kollektive Problemlösung gibt. Die typische gesellschaftliche Hierarchie von Herr und Knecht wird im Kommunismus überwunden.

Abbildung 7: Karl Marx glaubte, dass die Arbeiter irgendwann gegen ihre Lebensbedingungen revoltieren würde, was dann zu einer klassenlosen Gesellschaft führen würde. Die kommunistischen Revoluzzer wollte darauf jedoch nicht warten.

Wieso es zu dieser Revolution kommen müsse, hatte Karl Marx schon in seinem kommunistischen Manifest aus dem Jahr 1848 niedergeschrieben. Es endet mit den Worten:

„Die Proletarier haben nichts in ihr zu verlieren als ihre Ketten. Sie haben eine Welt zu gewinnen. Proletarier aller Länder, vereinigt euch!"

Wo Marx jedoch eine geschichtliche Notwendigkeit sah, die sich früher oder später einstellen würde, sahen andere ein politisches Programm. Sie wollten auf jeden Fall eine kommunistische Gesellschaft herbeiführen, besser früher als später. Sie warteten nicht, bis das Elend der Arbeiter so groß geworden war, dass der Druck sich in einer Revolution entladen musste. Sie wollten dafür sorgen, dass der Druck und das Elend der Arbeiter gar nicht erst so groß wurden, und die Arbeiter schon früher in das kommunistische Paradies einziehen konnten.

Kommunistische Parteien weltweit arbeiteten nun auf einen Umsturz der bestehenden Gesellschaftsordnung hin. Dabei übersahen sie jedoch, dass die Gesellschaft noch nicht so weit war, wie es nach Marx für die Revolution nötig gewesen wäre. Wie alle Populisten begingen sie den Fehler, ihre Meinung für die Meinung der Mehrheit zu halten und immer wieder zu behaupten, sie würden für das wahre Volk sprechen, auch wenn hinter ihnen nur einige Prozent der Bevölkerung stehen (die Mehrheit des Volkes besteht dann aus ihrer Sicht zumeist aus Volksverrätern).

Wenn der Kommunismus aber keine unvermeidliche Folge des Volkswillens ist, sondern durch eine Minderheit aufgezwungen wird, dann kann er kein Kommunismus sein. Diese Minderheit muss permanent versuchen, die Mehrheit, die ihr eigentlich nicht folgen wollte, im Auge zu behalten. Es entsteht, was entstehen muss: Eine Diktatur. Doch ist es keine Diktatur des Proletariats, sondern eine Diktatur einer arroganten Minderheit, die von sich glaubt, die Welt besser zu verstehen als alle anderen, so wie auch die Terroristen der RAF in den 1970er Jahren die Deutschen befreien wollten – obwohl die daran gar nicht interessiert waren, weil sie sich schon recht frei fühlten.

Es ist eine große Ironie der Geschichte, dass das erste „kommunistische" Regime der Welt in Russland errichtet wurde, einem Land, das zu Beginn des 20. Jahrhunderts kaum Industrie aufwies, und dessen Bevölkerung noch weitestgehend als Bauern auf dem Land lebte. Dies zeigt aber, wie weit sich der politische Kommunismus von seiner Idee als unweigerliche geschichtliche Konsequenz der Situation der Arbeiter entfernt hatte. Nun war er nur noch ein Wort in den Händen einer machtgeilen Minderheit, die alles daran setzte, Macht zu erringen und diese Macht zu behalten.

Wie der Kommunismus es verlangte, so wurden alle Produktionsmittel verstaatlicht. Privateigentum gab es in den kommunistischen Ländern nur noch im privaten Bereich, bei den persönlichen Dingen. Und der Staat, bzw. die kleine Clique des Politbüros, bestimmte, was wann und wie produziert wurde, und zu welchen Preisen es verkauft werden sollte.

Der Kommunismus setzte damit zwei Kennzeichen der kapitalistischen Wirtschaft außer Kraft: Zum einen gab es kein Privateigentum an Produktionsmitteln mehr. Dieses Privateigentum hatte ja dazu geführt, dass die Kapitalisten immer höhere Renditen anstrebten, weshalb die Arbeiter in ein immer größeres Elend abrutschten.

Zum zweiten gab es in kommunistischen Ländern auch keinen Markt mehr, in dem aus Angebot und Nachfrage frei ein Preis ermittelt wurde. Der Preis wurde einfach staatlich festgelegt. Mit dem Kommunismus war ein Gegenentwurf zur kapitalistischen Wirtschaft entstanden.

Die Marktwirtschaft

Die Wirtschaft im Kommunismus erlaubte kein freies Unternehmertum. Damit stand sie im Widerspruch zum Kapitalismus. Und die Wirtschaft im Kommunismus ließ keinen freien Markt zu, auf dem die Preise im Spiel der Kräfte von Angebot und Nachfrage frei bestimmt wurden. Die Preise in den Geschäften der kommunistischen Länder wurden vom Staat vorgegeben. Allenfalls auf dem Schwarzmarkt entwickelte sich ein Preis aus der hohen Nachfrage und dem geringen Angebot, was zu manchmal paradoxen Situationen führte: So waren in der DDR gebrauchte Trabbis, die frei verkauft werden konnten, deutlich teurer als ein Trabbi, den man neu vom Staat kaufte. Denn man musste beim Staat einige Jahre warten, bis der bestellte Wagen endlich geliefert wurde, während man den gebrauchten Wagen sofort mitnehmen konnte.
Der Kapitalismus hingegen scheint den Markt zu erhalten. Immerhin sind die Kapitalisten die ersten, die sich um den freien Markt Sorgen machen, wenn der Staat Andeutungen macht, er könne sich in die Wirtschaft einmischen. Nur ohne Einmischung des Staates, so die Lehre vieler Ökonomen, kann ein Markt wirklich frei sein.
Erstaunlicherweise vertreten auch heute noch viele Ökonomen diese Meinung, obwohl Politikern und Ökonomen schon seit über hundert Jahren klar ist, dass diese Behauptung nicht stimmt.
Um das zu verstehen, müssen wir uns genauer ansehen, was einen Markt ausmacht. Man kann sich den Markt durchaus wie einen Marktplatz vorstellen, auf dem mehrere Anbieter auf mehrere Kunden treffen. In den Verhandlungen zwischen Anbietern und Kunden wird dann der Preis für ein Produkt festgelegt. Ist der Preis zu hoch, dann wird das Produkt nicht von vielen Kunden gekauft werden, weil sich die Kunden das

Abbildung 8: Auf einem Markt, hier der Viktualienmarkt in München um 1900, treffen sich Angebot und Nachfrage. Ein Markt funktioniert nur, solange keine Seite eine dominante Position erlangt.

Produkt nicht leisten können oder nicht einsehen, einen derart hohen Preis für das Produkt zu zahlen; ist der Preis zu niedrig, dann wird das Produkt nicht von vielen Anbietern angeboten werden, weil sich damit kein Geld verdienen lässt. Der Preis wird sich also auf einem Niveau einpendeln, das sowohl für die Anbieter als auch für die Kunden akzeptabel ist.

Ein wichtiges Kriterium ist hierbei, dass sowohl Anbieter als auch Kunden Preisnehmer sind. Angebot und Nachfrage führen zu einem Preis, den beide Seiten akzeptieren können. Sie nehmen diesen Preis an. Anders wäre es, wenn der Anbieter oder der Kunde den Preis bestimmen könnten, entweder weil es nur einen Anbieter gibt, der Kunde das Produkt aber benötigt, oder es nur einen Kunden gibt, der Anbieter sein Produkt aber verkaufen muss, weil es beispielsweise sonst schlecht wird. Im Fall eines Monopols gibt es keinen Markt mehr, weil nun ein Marktteilnehmer den Preis bestimmen kann und nicht mehr Preisnehmer ist. Ein Markt funktioniert nur, wenn Anbieter und Kunde gleichberechtigt sind, wenn sie sich auf Augenhöhe begegnen.

Mit dieser Information im Hinterkopf betrachten wir noch einmal die Situation im Kapitalismus. Dieser hatte zu einer starken Spaltung der Gesellschaft geführt: Auf der einen Seite gab es die Kapitalisten, die alles daran setzten, einen Markt zu monopolisieren, auf der anderen Seite gab es die Arbeiter, die froh waren, wenn sie einen Job bekamen, weil sie irgendwie überleben mussten. Die Angebots- und Nachfrageseite im Kapitalismus sind sicherlich nicht gleichberechtigt. Und das gilt nicht nur für den Arbeitsmarkt, sondern für jeden Markt, den der Kapitalist am liebsten monopolisieren möchte.

Der Kapitalist will ja seinen Gewinn maximieren. Dies gelingt ihm besonders dann, wenn er auch den Preis für sein Produkt bestimmen kann. Um dies zu tun, muss er deshalb den Markt außer Kraft setzen. Und das taten viele Kapitalisten mit großer Energie (und tun es auch heute noch).

Die Exzesse des Kapitalismus, immenser Reichtum auf der einen und unerträgliche Armut auf der anderen Seite, sind kein Zeichen dafür, dass der Kapitalismus nicht ganz optimal funktioniert, wie man immer wieder liest, sondern sie sind unweigerliche Folgen des Kapitalismus. Will man diese „Fehler" korrigieren, dann schafft man keinen modifizierten Kapitalismus, sondern eine neue Wirtschaftsordnung, auch wenn die Politiker und Ökonomen, die Anfang des 20. Jahrhunderts die Aufgabe auf sich genommen haben, den Kapitalismus zu „zähmen", das vielleicht gar nicht so gesehen haben. Sie wollten ja nur die Exzesse des Kapitalismus eindämmen. Doch damit zerstörten sie den Kapitalismus und schufen ein neues Wirtschaftssystem: Die Marktwirtschaft.

Und letztlich war es die Marktwirtschaft, die im 20. Jahrhundert die Armut beseitigte und dafür sorgte, dass es in Friedenszeiten nicht mehr zu Hungersnöten gekommen ist. Dem Kapitalismus wäre dies egal gewesen. Die Marktwirtschaft ist jedoch darauf angewiesen, dass sich alle Marktteilnehmer auf Augenhöhe begegnet, weshalb sie Mechanismen besitzt, um sicherzustellen, dass niemand zurückbleibt. Der Kapitalismus hingegen lebt den puren Egoismus.

Das wesentliche Charakteristikum der Marktwirtschaft ist, dass alle Marktteilnehmer, Anbieter und Kunden, gleichberechtigt sind. Im Kapitalismus liegt alle Macht in den Händen der Kapitalisten, die Arbeiter sind dem Willen der Kapitalisten ausgeliefert. Eine Gleichberechtigung der Marktteilnehmer ist nicht gegeben. Will man dafür sorgen, dass Angebot und Nachfrage sich auf Augenhöhe begegnen, dann muss man zum einen die Macht der Anbieter einschränken und zum anderen die Macht der Kunden stärken. Und dies nahm man im 20. Jahrhundert in Angriff.

Eine Maßnahme, die Macht der Anbieter einzuschränken, bestand darin, die Bildung von Kartellen und Monopolen zu verhindern. Dass Kartelle schlecht für die Wirtschaft sind, wusste schon Adam Smith. Er hatte in seinem Buch „Der Wohlstand der Nationen" notiert, dass „Männer desselben Gewerbes sich selten treffen, es sei denn um Absprachen zu treffen, die gegen die Öffentlichkeit und das öffentliche Wohl gerichtet sind."

Dennoch dauerte es bis zum Jahr 1890, bis in den USA das erste Kartellgesetz der Welt erlassen wurde, der Sherman Antitrust Act. Ziel des Gesetzes war es, eine Grundlage zur Zerschlagung von Rockefellers Standard Oil zu schaffen. Doch die Tatsache, dass dann für Jahre nichts passierte, zeigt, wie mächtig Rockefeller war. Obwohl es ein Gesetz gab, gegen das er mit Standard Oil offensichtlich verstieß, passierte erst einmal gar nicht. Erst der amerikanische Präsident und passionierte Jäger Theodore Roosevelt eröffnete Anfang des 20. Jahrhunderts ein Kartellverfahren gegen Standard Oil. Und nach Jahren des Tricksens, in denen Standard Oil durch Umorganisationen und andere Vorgehensweisen immer wieder versuchte, den Angriffen der amerikanischen Regierung auszuweichen, entschied der Oberste Gerichtshof der USA im

Abbildung 9: Kapitalisten versuchen, eine maximale Rendite zu erreichen. Dafür wollen sie den Preis kontrollieren. Sie schaffen Kartelle und Monopole, wie die amerikanische Standard Oil, die den Markt außer Kraft setzen.

Jahr 1911, dass Standard Oil gegen das Kartellgesetz verstoßen hatte, und ordnete die Zerschlagung an.

Aus der ursprünglichen Vacuum Oil Company, die Rockefeller sich unter den Nagel gerissen hatte, wurde Mobil Oil, andere Teile des Konzerns firmieren heute zum Beispiel unter dem Namen Chevron oder ExxonMobile. Der Name der deutschen Tochter von ExxonMobile, Esso, ist übrigens eine Reminiszenz an die ehemalige Mutter Standard Oil, da ihr Name aus ihren Anfangsbuchstaben (S O) gebildet wurde.

In Deutschland sah man das Thema Kartelle lange nicht so kritisch. Das Reichsgericht in Deutschland erlaubt in einer Entscheidung vom 4. Februar 1897 sogar ausdrücklich die Bildung von Kartellen. Schließlich gab es Vertragsfreiheit in Deutschland, das bedeutete auch, dass sich Firmen zu Kartellen zusammenschließen können, um die Preise anzuheben oder die Konkurrenz zu beseitigen.

Es brauchte einen ausgewiesenen Wirtschaftsfachmann wie den ersten Bundeswirtschaftsminister, Ludwig Erhard, um diesen Fehler zu beheben, der es dem Kapitalismus erlaubte, die Marktwirtschaft auszuhebeln. In seinem Buch „Wohlstand für alle" hatte er Kartelle sogar als „Feinde der Verbraucher bezeichnet", und so setzte er alles daran, Mitte der 1950er Jahre ein Gesetz auf den Weg zu bringen, dass die Bildung von Kartellen untersagte.

Die Kapitalisten, die sich das Leben durch die Bildung von Kartellen natürlich einfach machen können, fuhren gegen diesen Plan schwere Geschütze auf. So drohte der Bundesverband der deutschen Industrie damit, der CDU die Unterstützungsgelder zu verweigern, wenn sie nicht von diesem Plan, der „tief einschneidende Staatseingriffe in die unternehmerische Freiheit bedeute", Abstand nehme. Die Drohung, der CDU keine Wahlkampfspenden mehr zukommen zu lassen, war im Wahljahr 1957 keine leere Drohung. Doch die Regierung wurde von einem alten Fuchs geleitet. Der Bundeskanzler Konrad Adenauer wartete einfach, bis die Wahl im Herbst 1957 vorüber war, bevor das Gesetz gegen Wettbewerbsbeschränkungen beschlossen wurde und am 1. Januar 1958 in Kraft treten konnte. Im selben Jahr nahm auch das Bundeskartellamt als zuständige Behörde seine Arbeit auf.

Während man die Macht der Unternehmen durch diese und andere Gesetze beschränkte, stärkte man zugleich die Rechte der Arbeiter.

Zum einen schuf man soziale Sicherungssysteme, auch wenn Bismarck diese ursprünglich nur dazu gedacht hatte, die Arbeiter von den Arbeitervereinen wegzulocken. Diese Sicherungssysteme (manchmal auch als „Wohlfahrtsstaat" denunziert) sorgen dafür, dass die Arbeiter nicht mehr dem Willen der Kapitalisten ausgeliefert sind. Eine Krankheit oder kurzfristige Arbeitslosigkeit stürzt sie nicht mehr in Armut. Zugleich hob man die Verbote, sich gewerkschaftlich zu organisieren, auf. Die Arbeiter konnten ihre Löhne und Arbeitsbedingungen kollektiv verhandeln und besaßen so eine Gegenmacht zur Macht der Kapitalisten.

Viele Ökonomen meinen, dass Gewerkschaften als de facto Monopole der Arbeiter den Markt zerstören würden. Allerdings übersehen sie, dass es ohne Gewerkschaften auch keinen Markt geben würde, da dann alle Trümpfe in den Händen der Kapitalisten liegen. Wir müssen einfach damit leben, dass der Arbeitsmarkt eigentlich kein Markt ist, sondern sich hier zwei Monopole oder Kartelle gegenüberstehen, die ihre Muskeln spielen lassen. Allerdings ist es nur so möglich, dass die Arbeiter aus der Armutsfalle entkommen.

Deutlich zeigte sich das an den Löhnen der amerikanischen Arbeiter. So war der Stundenlohn von gewerkschaftlich organisierten Arbeitern in der Produktion amerikanischer Firmen Anfang des 20. Jahrhunderts mit etwa 40 US-Cent mehr als doppelt so hoch wie der von nicht organisierten Arbeitern (etwa 18 US-Cent pro Stunde). Zudem arbeiteten gewerkschaftlich organisierte Arbeiter statt 60 nur etwa 50 Stunden pro Woche – und hatten dennoch deutlich mehr Geld in der Tasche.

Zugleich erließ der Staat zahlreiche Regelungen zur Arbeitssicherheit und zur Reduzierung der Arbeitszeit. Heute darf in Deutschland nicht mehr als 48 Stunden pro Woche gearbeitet werden, und jeder Arbeitnehmer hat gesetzlich Anspruch auf zwanzig Tage Urlaub pro Jahr. Dank der Tarifverträge sind es in der Realität meistens weniger Arbeitsstunden pro Woche und mehr Urlaubstage im Jahr. Die Finnen, die sicherlich nicht zu den ärmsten Bürgern dieser Welt gehören, gönnen sich sogar gesetzlich dreißig Tage Urlaub im Jahr – und tarifvertraglich in der Regel noch mehr.

Der Arbeiter darf dem Willen des Kapitalisten nicht mehr ausgeliefert sein. Dies wäre er, wenn er trotz zehn, zwölf oder vierzehn Stunden Arbeit am Tag gerade genug verdient, um zu überleben. Dies wäre er, wenn es keine Regeln zur Arbeitssicherheit gäbe, und das gesamte Arbeitsrisiko bei ihm läge. Dies wäre er, wenn der Kapitalist die Preise nach eigenem Gutdünken dank seines Monopols festlegen könnte. Nur wenn der Arbeiter den Kapitalisten nicht mehr ausgeliefert ist, dann

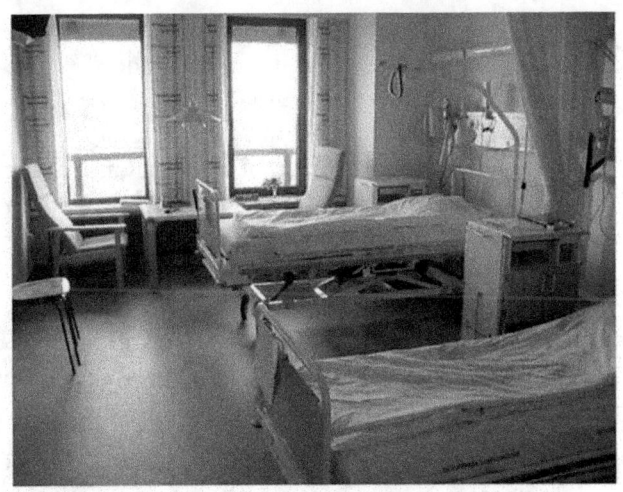

Abbildung 10: Eine Marktwirtschaft, in der sich alle Marktteilnehmer auf Augenhöhe begegnen, ist immer auch sozial.

kann es überhaupt einen Markt geben. Sonst haben wir Kapitalismus, aber sicher keine Marktwirtschaft.

Damit wird aber auch eins offensichtlich: Eine Marktwirtschaft ist zwangsläufig sozial. Die Bezeichnung „soziale Marktwirtschaft", die wir in Deutschland gerne für unser Wirtschaftssystem benutzen, ist eine Tautologie, ähnlich wie „weißer Schimmel".

Diesen sozialen Sinn der Marktwirtschaft betonte auch jemand, der heutzutage gerne von neoliberalen Ökonomen, die die Marktwirtschaft durch den Kapitalismus ersetzen möchten, zitiert wird: Der erste Bundeswirtschaftsminister der Bundesrepublik Deutschland.

Ludwig Erhard war, im Gegensatz zu vielen anderen Ökonomen, ein Ökonom, der den tieferen Sinn der Marktwirtschaft wirklich verstand (deswegen hatte er sich ja auch so für ein Verbot von Monopolen und Kartellen eingesetzt). In seinem Buch „Wohlstand für alle" fordert er,

„dass jeder wirtschaftliche Fortschritt und jede Verbesserung in der Arbeitsweise sich nicht in höheren

Gewinnen, Renten oder Pfründen niederschlagen, sondern dass alle diese Erfolge an den *Konsumenten* weitergegeben werden. Das ist der *soziale* Sinn der *Marktwirtschaft*, dass *jeder wirtschaftliche Erfolg*, wo immer er entsteht, dass jeder Vorteil aus der Rationalisierung, jede Verbesserung der Arbeitsleistung *dem Wohle des ganzen Volkes nutzbar gemacht wird.*" (Hervorhebung hier und auch in den folgenden Zitaten von Ludwig Erhard).

Damit dieses Ziel erreicht wird, mussten die Arbeitgeber bereit sein, die Löhne entsprechend des Produktivitätszuwachses anzuheben – und den Arbeitern nicht nur das zuzugestehen, was ihnen gerade das Überleben ermöglicht, so wie es all die Jahrzehnte vorher der Fall gewesen war. Erhard bedauert allerdings, dass die Arbeitgeber dazu nicht von sich aus bereit sind:

„Zu wiederholten Malen habe ich darum erklärt, dass der so oft geübte grundsätzliche *Widerstand der Arbeitgeber* gegenüber Lohnerhöhungen, die dank einer gesteigerten Ergiebigkeit unserer Volkswirtschaft nicht nur möglich, sondern für die Stabilität unserer Währung sogar notwendig und sinnvoll sein konnen, nicht in das System der Marktwirtschaft passt. Ein solcher Widerstand missachtet die Zielsetzung der Marktwirtschaft, so wie ich sie verstehe, sogar gröblich. Es erscheint mir misslich, wenn die Arbeitgeber niemals von sich aus *eine Aktivität zugunsten einer an sich möglichen Lohnerhöhung* ergreifen, sondern immer erst dann tätig werden, wenn die Gewerkschaften darauf drängen. Gerade in den Phasen einer ruhigen wirtschaftlichen Aufwärtsentwicklung würden die Arbeitgeber volkswirtschaftlich richtig und psychologisch klug handeln, wenn sie die Löhne entsprechend der Produktivitätsverbesserung aus eigener Initiative anzuheben bereit wären."

Allerdings stellt Erhard mit Genugtuung und Stolz fest, dass es trotz der Widerstände der Arbeitgeber in dem von ihm betrachteten Zeitraum zwischen 1950 und 1962 gelungen war, die Löhne praktisch parallel mit der Produktivität steigen zu lassen – und damit fast zu verdoppeln; denn nur so war es möglich, das zu erreichen, was Ludwig Erhard sich als Ziel für seine Wirtschaftspolitik gesetzt hatte – und was wie eine gutmütige Version des Kommunismus klingt, bei der Erhard zwar nicht die Klassen verschwinden lassen will, aber die beiden Klassen zumindest soweit einander annähern möchte, dass sie gleichberechtigt sind – so wie es die Marktwirtschaft erfordert:

> „So wollte ich jeden Zweifel beseitigt wissen, dass ich die Verwirklichung einer Wirtschaftsverfassung anstrebe, die immer weitere und *breitere Schichten* unseres Volkes *zu Wohlstand zu führen vermag*. Am Ausgangspunkt stand der Wunsch, über eine breitgeschichtete Massenkaufkraft die *alte* konservative *soziale Struktur endgültig zu überwinden*. Diese überkommene Hierarchie war auf der einen Seite durch eine dünne Oberschicht, welche sich jeden Konsum leisten konnte, wie andererseits durch eine quantitativ sehr breite Unterschicht mit unzureichender Kaufkraft gekennzeichnet. Die Neugestaltung unserer Wirtschaftsordnung musste also die Voraussetzung dafür schaffen, dass dieser einer fortschrittlichen Entwicklung entgegenstehende Zustand und damit zugleich auch *endlich das Ressentiment zwischen „arm" und „reich" überwunden* werden konnten."

Eine Marktwirtschaft sorgt dafür, dass alle Marktteilnehmer gleichberechtigt sind; sie sorgt dafür, dass die Schere zwischen arm und reich überwunden wird, kurz: Sie ist sozial. Der Kronzeuge dafür ist der „Vater des deutschen Wirtschaftswunders".

Vielen war gar nicht bewusst, dass mit der Marktwirtschaft ein neues Wirtschaftssystem geschaffen wurde. Sie hielten und halten auch heute noch die Marktwirtschaft für eine Form des Kapitalismus, nur mit sozialen Aspekten versehen.

Doch die Marktwirtschaft nahm den Kapitalisten teilweise ihre Macht und stärkte zugleich die Macht der Armen. Sie schuf eine Gleichberechtigung zwischen beiden Lagern, auch wenn sie diese nicht, wie der Kommunismus dies fordert, gleich machte. Diese Forderung des Kommunismus ist auch unsinnig, da Menschen nun einmal nicht gleich sind. Eine Gesellschaft, in der alle Menschen gleich sind, kann es deshalb nicht geben. Es gibt immer Falken und Lämmer in einer menschlichen Gesellschaft, und die Falken werden die Lämmer unterdrücken und sich zu Diktatoren aufschwingen, wenn die Gesellschaft durch politische Maßnahmen wie die Gewaltenteilung und freie demokratische Wahlen nicht dafür sorgt, dass die Macht der Falken eingeschränkt und die der Lämmer gestärkt wird.

In der Demokratie werden den Starken Grenzen aufgezeigt, und es wird den Schwachen geholfen. Nur so ist eine demokratische Gesellschaft möglich; sonst würden die Starken die Schwachen unterdrücken. Gleiches benötigt die Marktwirtschaft, soll der Markt funktionieren. Die Marktwirtschaft ist deshalb das Wirtschaftssystem der Wahl für eine echte Demokratie, die ebenso wie die Demokratie Regeln braucht, damit sie funktionieren kann.

Ein Vergleich der Systeme

Fassen wir noch einmal die Charakteristika der drei Systeme zusammen: Im Kommunismus fungiert der Staat als Anbieter der Waren. Einen Markt, auf dem sich die Preise frei bilden können, gibt es nicht. Allerdings legt der Kommunismus großen Wert auf soziale Elemente. So schafft es das kleine und arme Kuba seinen Bürgern im Durchschnitt eine bessere medizinische Versorgung zu garantieren als die großen und reichen USA.
Der Kapitalismus hingegen wird von freien Unternehmern getragen. Allerdings sind diese so stark, dass sie den Markt aushebeln. Wie im Kommunismus, so gibt es auch im Kapitalismus keinen freien Markt. Hierbei ist die Definition eines freien Marktes wichtig: Manch ein Ökonom scheint einen Markt schon dann für frei zu halten, wenn der Staat sich nicht einmischt. Doch ein Markt ist erst dann frei, wenn Anbieter und Kunden frei sind, wenn Angebot und Nachfrage den Preis frei festlegen können, ohne dass eine Seite den Preis bestimmen kann. Kann eine Seite aufgrund ihrer Marktmacht oder anderer Gründe den Preis für ein Produkt de facto bestimmen, dann hat man keinen freien Markt, auch wenn der Staat sich nicht einmischt. Dieser Markt wäre nur scheinbar frei, doch tatsächlich ist er anarchistisch. In ihm setzen sich die Stärkeren durch. Doch wenn dies geschieht, dann ist jede Freiheit tot. Damit die Marktteilnehmer frei agieren können, braucht es auch in einem Markt Regeln – ebenso wie in einer Demokratie, die Freiheit für alle auch nur garantieren kann, wenn es Regeln gibt, und nicht einfach Anarchie herrscht.
Und natürlich will im Kapitalismus auch jeder Kapitalist seinen Profit maximieren. Soziale Aspekte sind ihm deshalb auch nicht wichtig.

Abbildung 11: Ein Markt ist nicht dann frei, wenn der Staat sich nicht einmischt, sondern wenn alle Teilnehmer gleichberechtigt sind. In der Regel braucht es den Staat, um dies sicherzustellen.

Dann gibt es noch die Marktwirtschaft. Wir brauchen sie nicht mit Prädikaten wie „frei" oder „sozial" zu belegen, da dies für eine Marktwirtschaft selbstverständlich ist. Wie im Kapitalismus sind in der Marktwirtschaft im Wesentlichen die freien Unternehmer diejenigen, die das Angebot bereitstellen. Anders als im Kommunismus und im Kapitalismus wird in einer Marktwirtschaft durch gewisse gesetzliche Rahmenbedingungen dafür gesorgt, dass der Markt erhalten bleibt, dass sich alle Marktteilnehmer auf gleicher Augenhöhe begegnen können. Deshalb weist die Marktwirtschaft auch zwangsläufig soziale Elemente auf.

In der folgenden Tabelle stellen wir die wesentlichen Charakteristika der drei Wirtschaftssysteme noch einmal vergleichend zusammen; wir beschränken uns hier auf die Aspekte, wer der Anbieter ist, d.h. wer das Angebot stellt, ob es einen freien Markt gibt und ob es soziale Elemente in dem Wirtschaftssystem gibt:

	Anbieter	Freier Markt	Soziale Elemente
Kapitalismus	Unternehmer	Nein	Nein
Kommunismus	Staat	Nein	Ja
Marktwirtschaft	Unternehmer	Ja	Ja

Tabelle 1: Ein Vergleich der drei Wirtschaftssysteme: Kapitalismus, Kommunismus und Marktwirtschaft

Bei einem oberflächlichen Blick könnte man meinen, die Marktwirtschaft sei eine Art Kompromiss zwischen Kommunismus und Kapitalismus. Doch tatsächlich ist sie eine eigenständige Wirtschaftsform. Sie unterscheidet sich vom Kommunismus dadurch, dass sie auf freiem Unternehmertum basiert, und vom Kapitalismus dadurch, dass sie soziale Elemente aufweist. Von beiden unterscheidet sich die Marktwirtschaft dadurch, dass sie einen freien Markt ermöglicht, womit ein Markt gemeint ist, dessen Teilnehmer frei sind. Sowohl im Kommunismus als auch im Kapitalismus haben wir es hingegen mit einer Diktatur zu tun: Im Kommunismus ist es die Diktatur des Staates, die die Wirtschaft unterwirft, im Kapitalismus ist es die Diktatur der Kapitalisten, die zumindest Wirtschaftszweige oder Märkte unterwerfen. Freie Märkte gibt es deshalb weder im Kommunismus noch im Kapitalismus.

Im Kalten Krieg hatte man den Fokus auf den Kampf der Systeme zwischen Ost und West. Im Osten herrschte der Kommunismus mit seiner Staatswirtschaft, im Westen das freie Unternehmertum. Doch nun wird immer klarer, dass auch im Westen ein Krieg herrscht, der heute härter als je zuvor ausgetragen wird, ein Krieg zwischen Kapitalismus und Marktwirtschaft.

Die Kapitalisten fahren hierbei schwere Geschütze auf, um ihre Interessen durchzusetzen. Sie tun alles, damit der Kapitalismus gestärkt wird, während sie zugleich die Marktwirtschaft angreifen.

Stärkung des Kapitalismus

Die Wirtschaftswissenschaften kann man grob in zwei Denkrichtungen einteilen: Diejenigen, die die Angebotsseite, also die Unternehmer, unterstützen, und diejenigen, die die Nachfrageseite, also die Bürger und Arbeiter, unterstützen.
Angebotsorientierte Ökonomen waren die klassischen Ökonomen, von Adam Smith über Jean-Baptiste Say bis David Ricardo. Say hatte das nach ihm benannte Gesetz aufgestellt, dass jedes Angebot seine Nachfrage schafft. Dies ist auch die Grundidee der angebotsorientierten Ökonomie: Wenn produziert wird, dann haben die Menschen Arbeit und schaffen so ganz automatisch eine Nachfrage, da sie ja Geld verdienen. Man muss also nur ein Angebot schaffen, also die Unternehmen unterstützen, und schon floriert die Wirtschaft. In der großen Weltwirtschaftskrise nach dem Aktien-Crash des Jahres 1929 sah man jedoch, dass dies nicht reicht, dass es durchaus Situationen geben kann, wo die Nachfrage einfach ausbleibt.
John Maynard Keynes vertrat die Ansicht, dass der bestimmende Faktor für die Wirtschaft die Nachfrageseite ist. Gibt es keine Nachfrage, dann wird auch niemand in die Produktion investieren, dadurch fehlen Arbeitsplätze, die Bürger haben kein Geld, die Nachfrage bricht weiter ein, und die Wirtschaft gerät in eine Depression. Für ihn war es wichtig, die Nachfrageseite zu stärken – der Wohlstand der Unternehmer würde dann folgen.
Eine ähnliche Ansicht vertraten die Ordoliberalen, die Marktwirtschaftler, zu denen Ludwig Erhard gehörte. Auch ihnen war es wichtig, die Nachfrageseite zu stärken; denn wo

Abbildung 12: Neoliberale Ökonomen wie Milton Friedman, die weniger Staat fordern, fordern zugleich einen anarchistischen Markt – und damit Kapitalismus statt Marktwirtschaft.

keine Nachfrage ist, da wird auch nichts produziert werden. Die Zeit nach dem Zweiten Weltkrieg gab den nachfrageorientierten Ökonomen Recht: Die Nachfrage wurde durch steigende Löhne und wachsende soziale Sicherheit gestärkt, und die Wirtschaft brummt, obwohl die Spitzensteuersätze in allen großen Industrienationen über 50 Prozent lagen (in den USA sogar bei 77 Prozent).

Als die Wirtschaft in den 1970er Jahren jedoch in eine Krise geriet, sahen die klassischen Ökonomen ihre Stunde gekommen. Sie nannten sich nun Neoliberale, und sie warben damit, dass ihre Wirtschaftsdoktrin eine Wirtschaftsdoktrin der Freiheit war.

Mit der Betonung der Freiheit wollten sie zum Teil auch davon ablenken, dass ihre Doktrin nun wieder die Angebotsseite, also die Interessen der Unternehmer, in den Fokus rückte, während die Interessen der Arbeiter und Bürger in ihren Theorien nur eine untergeordnete Rolle spielten. Der neoliberale Ökonom Milton Friedman gab einem seiner Bücher sogar den Titel „Kapitalismus und Freiheit", so als könne man beides synonym verwenden.

Ab den 1980er Jahren wurde die neoliberale Ökonomie zur bestimmenden Ökonomie in den Industrieländern, ausgehend von den USA und Großbritannien, wo mit Ronald Reagan und Margaret Thatcher konservative Politiker an die Macht kamen, die alles taten, um die Angebotsseite wieder zu stärken: Die Steuern wurden gesenkt, die Sozialversicherungen geschwächt und weitere Maßnahmen ergriffen, die zu einem größeren Wachstum führen sollten. Die Idee dahinter ist auch als „Trickle-Down"-Theorie bekannt: Wenn man den Reichen mehr Geld gibt, dann wird das irgendwann auch bei den Armen ankommen, schließlich würden die Reichen das Geld ja auch irgendwann ausgeben. Dass die Reichen das Geld einfach für sich behalten könnten, kommt den Neoliberalen nicht in den Sinn.

Die neoliberale Wirtschaftsdoktrin ist somit eine Wirtschaftsdoktrin des reinen Kapitalismus. Die Reichen sollen wieder die Macht bekommen, man richtet die Wirtschaftspolitik ganz nach ihren Interessen aus. Fast hat man den Eindruck, als sollten die Zustände wieder hergestellt werden, wie sie im Feudalismus herrschten, als der Adel oder reiche Bürger die alleinige Macht im Staat besaßen, und die Armen nur die Aufgabe hatten, die Anweisungen der Oberschicht zu befolgen, ohne selber irgendein Mitspracherecht zu besitzen; denn dass auch die Schwachen Rechte besitzen ist nicht selbstverständlich. Über weite Teile der menschlichen Geschichte war dies auch nicht der Fall. Es braucht deshalb eine starke Kraft, die diese Rechte schützt, eine Kraft, wie sie nur ein demokratischer Rechtsstaat bereitstellen kann, sowohl im Bereich der Politik als auch im Bereich der Ökonomie.

Das Glaubensbekenntnis der Neoliberalen lautet jedoch: Der Staat ist böse, der Markt ist gut. Damit ersetzt man aber die Marktwirtschaft durch den Kapitalismus. Und wie gut der Markt ist, konnte man vor allem im Bereich der Spekulationen beobachten.

Der freie Markt

Der freie Markt ist die einzige Kraft, die dafür sorgen kann, dass die Wirtschaft floriert und es allen gut geht. Diese Annahme liegt der neoliberalen Wirtschaftswissenschaft zugrunde. Ob es tatsächlich stimmt, wird gar nicht erst hinterfragt. Denn diese Doktrin sorgt vor allem dafür, dass es den Reichen immer besser geht. Für die Armen interessiert man sich nicht.
Wenn neoliberale Ökonomen von einem freien Markt sprechen, dann meinen sie jedoch Kapitalismus, sie meinen nicht die Marktwirtschaft. In einer Marktwirtschaft sind die Teilnehmer des Marktes frei, weil es niemanden gibt, der den Markt dominiert, und weil der Staat mit seinen Sozialprogrammen dafür sorgt, dass sich Nachfrage und Angebot auf gleiche Augenhöhe begegnen können. Der Staat legt Regeln fest, nach denen die Menschen am Markt handeln, so wie er auch die Regeln festlegen, nach denen sie in einer Demokratie miteinander umgehen.
Im Kapitalismus hingegen soll der Markt frei sein, d.h. er ist völlig regellos. Es gibt keinen Staat, der dem Markt Regeln gibt, denn die Eingriffe des Staates verzerren nur den Markt – und dann kann er nicht sein gutes Werk tun. Der Markt soll frei sein, aber das bedeutet nicht, dass auch die Teilnehmer frei sind.
Wenn der Staat keine Regeln schafft, dann haben wir de facto einen anarchistischen Markt. Ein Markt braucht Regeln, so wie auch eine Gesellschaft Regeln braucht. Lässt man in einer Gesellschaft die Menschen einfach agieren, so wie sie wollen, dann hat man Anarchie. Letztlich setzt sich der Stärkere durch. Erst durch Maßnahmen, die die Macht der Reichen beschränken und die Macht der Armen stärken, wird ein Gleichgewicht hergestellt. Regeln ermöglichen, dass alle Menschen an der politischen Meinungsbildung teilnehmen

Abbildung 13: Kapitalismus und Diktatur (hier der chilenische Diktator Augusto Pinochet) gehören ebenso zusammen wie Marktwirtschaft und Demokratie.

können. Nur so kann es eine demokratische Gesellschaft geben, die die Menschenrechte ermöglicht und schützt.

Ebenso würde ohne Regeln in einem Markt Anarchie herrschen, und die Starken setzten sich durch. Sie haben dann unbegrenzte Freiheit – doch die Schwächeren enden in Knechtschaft. Sie sind der Willkür der Reichen und Mächtigen ausgesetzt. Wer unbegrenzte Freiheit fordert, fordert damit Anarchie und das Recht des Stärkeren, während die Schwächeren unfrei werden. Ein freier Markt ist nur für alle Marktteilnehmer frei, wenn sich niemand zum Diktator des Marktes aufspielen und die anderen austricksen kann. Doch für diese Freiheit braucht es, so paradox es klingen mag, Regeln, die die Freiheit vor allem der Stärkeren teilweise einschränken – aber damit für alle gleichermaßen ermöglichen.

Eine Marktwirtschaft entspricht einer demokratischen Gesellschaft, in der jeder Bürger gleichberechtigt am Leben teilnehmen kann. Der Kapitalismus hingegen ist erst einmal reine Anarchie, doch da sich schnell die Stärksten durchsetzen werden, wird er sich in eine Oligarchie verwandeln, in der einige wenige über das Schicksal der Mehrheit bestimmen. Der

Kapitalismus ist zutiefst undemokratisch. Doch dies erklärt, weshalb Kapitalismus und Diktatur (man denke nur an Chile unter Augusto Pinochet, Südafrika unter dem Apartheid-Regime oder das heutige China) kein Widerspruch sein müssen. Im Gegenteil: Sie sind wie füreinander gemacht.

SPEKULATION

Ein Beispiel aus jüngster Zeit, welches zeigt, dass ein freier Markt in die Katastrophe führt, bietet die Finanzkrise aus dem Jahr 2008. Man führt sie gerne auf Spekulationen basierend auf unsicheren Hypotheken zurück, doch sie hat eine lange Vorgeschichte. Sie begann schon vor dem Ende des Zweiten Weltkriegs.

Im Jahr 1944 hatten die Alliierten in dem kleinen Bergdorf Bretton Woods in New Hampshire eine neue wirtschaftliche Ordnung vereinbart. Ziel des Abkommens von Bretton Woods war es, die nationale Finanzpolitik zu koordinieren und auf ein gemeinsames Fundament zu stellen, um die nationalen Alleingänge, die die Rezession der 1930er Jahre teilweise noch verschlimmert hatten, zu verhindern. Dazu wurden als Institutionen die Weltbank und der Internationale Währungsfonds (IWF) gegründet. Die Weltbank hatte zum Ziel, die wirtschaftliche Entwicklung schwächerer Länder mit finanziellen Mitteln und beratenden Maßnahmen zu fördern, der IWF hatte die Aufgabe, die internationale Zusammenarbeit zu fördern, die internationalen Finanzmärkte zu stabilisieren und die Geldpolitik zu überwachen. Stabile Rahmenbedingungen für die Wirtschaft waren das Grundziel des neuen Wirtschaftssystems. Deshalb sollte das System auf einer Basiswährung beruhen, die allen Ländern als Währung für den internationalen Handel dienen konnte. Nach langen Diskussionen setzten die Amerikaner durch, dass ihr Dollar die Rolle der Leitwährung übernehmen sollte. Alle anderen Währungen bekamen einen festen Wechselkurs zum Dollar, während dieser relativ zum Gold definiert war und jederzeit in Gold umgetauscht werden konnte – zu einem Kurs von 35 Dollar je Feinunze.

Der Devisenhandel war streng überwacht, Aktienspekulationen wurden zusätzlich durch Gesetze erschwert, wie den sogenannten Glass-Steagal-Act in den USA. Dieser war in den 1930er Jahren verabschiedet worden und schrieb eine Trennung zwischen dem Kreditgeschäft mit Privatkunden und dem Investmentbanking vor.

Diese Regeln gaben der Finanzwirtschaft ein enges Korsett. Spekulationen waren stark eingeschränkt. Die Finanzwirtschaft musste sich im Wesentlichen auf ihre Aufgabe als Diener der Realwirtschaft beschränken, der sie Kredite zur Verfügung stellte, damit diese produzieren konnte. Diese Stabilität des Finanzsystems war einer der Gründe, weshalb die Wirtschaft nach dem Zweiten Weltkrieg so stark wuchs (neben dem Anwachsen der Nachfrage durch steigende Löhne und stabilisierende Sozialsysteme).

Doch das System hielt nicht ewig. Die USA hatten darauf bestanden, dass alle internationalen Geschäfte in Dollar abgerechnet werden sollten, da sie so ihre Macht im Welthandel festigen wollten. Doch nach dem Krieg wuchsen die japanische und die europäischen Wirtschaften stark. In der Folge sank der Anteil der USA an der Weltwirtschaft. Zudem benötigten die USA viel Geld für den Vietnamkrieg. Beides zusammen übte einen starken Druck auf den an das Gold gebundenen Dollar aus. Letztlich entschied sich die Regierung Nixon am 15. August 1971 dazu, die Golddeckung des Dollars aufzugeben, was schließlich zum endgültigen Ende des Abkommens von Bretton Woods im Jahre 1973 führte. Die Währungen wurden frei konvertierbar, die Genehmigungspflicht für den Umtausch und den Transfer größerer Geldmengen zwischen den Ländern entfiel, der internationale Devisenhandel wurde freigegeben. In der Folge verlor der Dollar z.B. im Vergleich zur Deutschen Mark etwa 50 Prozent an Wert.

Die Finanzmärkte waren von einer großen Fessel befreit. Erst einmal explodierte der Handel mit Geld. Allein im Jahr 2000 setzten die Spekulanten mit fremden Währungen 1,5 Billionen Dollar pro Tag um – mehr als die gesamte Volkswirtschaft

Großbritanniens in diesem Jahr erwirtschaftete. Wurden 1970 noch 90 Prozent aller Geldtransaktionen auf reales Kapital (also Handel und Investitionen) angewandt, so waren 1995 schon 95 Prozent aller Transaktionen spekulativer Natur, 80 Prozent von ihnen hatten sogar nur eine Anlagedauer von weniger als einer Woche. Analog zum Geldhandel wuchs auch der Handel mit geldähnlichen Anlagen wie den Aktien. Waren die Aktienindizes wie der Dow Jones bis in die 1970er Jahre vor sich hingedümpelt (bis 1986 wuchs er nur um durchschnittlich 3,4 Prozent pro Jahr), so explodierte der Dow Jones ab Mitte der 1980er Jahre geradezu und wuchs in den folgenden zwei Jahrzehnten um durchschnittlich 11,8 Prozent pro Jahr. Während die Wirtschaft in den Industrieländern zwischen 1980 und 1997 um 62 Prozent wuchs, legte der Wert der Aktien um 1388 Prozent zu.

Parallel dazu wurde der Glass-Steagal-Act immer weiter aufgeweicht und im Jahr 1999 schließlich komplett aufgehoben. Nun gab es für die Finanzmärkte kein Halten mehr. Sie entwickelten immer mehr Produkte, mit denen man auf die Entwicklung von Preisen, Aktien oder Schulden wetten konnte. Vor der Finanzkrise des Jahres 2008 war der Umsatz der Finanzbranche siebzigmal so groß wie der Umsatz der Realwirtschaft. Die Finanzbranche war zu einem riesigen Casino verkommen – und als diese Luftnummer im Jahr 2008 zusammenbrach, riss sie die gesamte Weltwirtschaft mit sich.

Die Stabilitäten, die Eingriffe des Staates, die man als Lehren aus dem Crash von 1929 eingebaut hatte, waren nach und nach aufgehoben worden. Zum Teil war der Grund, dass diese Regeln unzureichend waren – statt die Währung eines Landes zur Referenzwährung zu machen, hätte man eine neutrale Währung schaffen sollen; dies hatte Keynes mit der Schaffung des Bancors auch vorgeschlagen, einer neutralen, von allen Ländern unabhängigen Verrechnungswährung, doch die USA wollten ihre damalige Position der Stärke ausnutzen und die Welt nach ihren Regeln handeln lassen.

Doch der wesentliche Grund für die Exzesse der Finanzwirtschaft war die immer stärker werdende neoliberale Doktrin, die die Ökonomie und Politik bestimmte, und ein Abschaffen von Regulierungen und immer „freiere" Märkte forderte. Dieses Ziel hatten sie schließlich erreicht. Endlich war der Finanzmarkt frei, und der Staat hielt sich zurück. Nun konnte er zeigen, wie effizient der freie Markt ist. Und tatsächlich schuf der freie Markt immense Reichtümer – allerdings nur für eine Handvoll Spekulanten und Banker, die Millionen oder gar Milliarden damit verdienten, dass sie beim Wetten ein glückliches Händchen hatten. Der Mann von der Straße hatte nichts davon. Und als die Blase platzte, musste er die Scherben aufräumen.

Viele Ökonomen unterscheiden nicht zwischen Investieren und Spekulieren. Wenn man Aktien einer Firma wie Siemens kauft, dann spricht man auch davon, dass man in Siemens „investiert" hat. Doch tatsächlich investiert man nicht in Siemens. Die Firma bekommt nicht das Geld, welches man für die Aktien ausgegeben hat. Das Geld bekommt der Vorbesitzer. Und wenn er Glück hat, dann ist der Preis, den er bekommt, höher als der Preis, den er selber gezahlt hat. Er hat spekuliert.

Ein Großteil der sogenannten „Investments" sind in heutiger Zeit keine Investments in die Realwirtschaft mehr – wie sollten sie auch, wenn die Finanzwirtschaft 70mal größer ist – sondern nur noch Spekulationen. Von denen profitieren nur die Spekulanten, nicht jedoch die einfachen Bürger oder die Realwirtschaft. Die Spekulation schafft keine Werte. Im Gegenteil, da sie regelmäßig zu Crashs führt, vernichtet sie unter dem Strich sogar Werte. Doch bis dahin haben die Reichen ihre Schäfchen ins Trockene gebracht. Das leistet ein freier, unregulierter Markt, den sich die Neoliberalen und Kapitalisten wünschen, die nur auf ihren kurzfristigen Vorteil schielen. Eine Marktwirtschaft, die Regeln vorgibt, könnte die Bürger davor schützen. Dies ist aber nicht im Sinne der Kapitalisten. Deswegen greifen reiche Eliten und ihre neoliberalen Helfershelfer die Marktwirtschaft an, wo sie nur können.

Angriffe auf die Marktwirtschaft

Die Angriffe auf die Marktwirtschaft finden auf vielfältige Weise statt. Sie alle haben das Ziel, den Markt letztlich zu zerstören und die Macht wieder allein in die Hände der Reichen zu legen.
Ein altes aber immer noch bewährtes Mittel ist die Schaffung von Kartellen und Monopolen. Diese sind zwar nun in allen Industrieländern seit Jahrzehnten verboten, doch die regelmäßig verhängten Kartellstrafen zeigen, dass die Kapitalisten dieses Verbot nicht sonderlich stört.
Ein weiterer Angriff auf die Marktwirtschaft nutzt ein schon länger bekanntes, in der Öffentlichkeit aber kaum diskutiertes Phänomen, dessen detaillierte Beschreibung dem US-amerikanischem Ökonomen Joseph Stiglitz im Jahr 2001 den Nobelpreis für Wirtschaftswissenschaften einbrachte. Stiglitz hatte nachgewiesen, dass asymmetrische Informationen einen Markt zerstören. Doch anstatt, dass alle Ökonomen sich nun dafür einsetzen, Informationsasymmetrien zu reduzieren, verschweigen die zumeist neoliberal denkenden Ökonomen dieses Phänomen und ermöglichen es so den Kapitalisten, regelmäßig Informationsasymmetrien herbeizuführen – und damit letztlich den Markt und die Marktwirtschaft zu zerstören.
Eine weitere Möglichkeit, dem Markt zu schaden, besteht darin, dafür zu sorgen, Anbieter und Kunde, Unternehmer und Arbeitnehmer nicht auf Augenhöhe begegnen. So werden soziale Errungenschaften nach und nach eingeschränkt und zurückgefahren. Doch auch diese unsoziale Politik schadet der Marktwirtschaft, die ja sozial und frei sein muss, wenn sie funktionieren soll.

Marktdominanz

Kartelle

Wie schon Adam Smith feststellte, treffen sich Vertreter einer Industrie selten zum Wohl der Kunden. Wie alle Kapitalisten, so haben sie nur ihr persönliches Wohl im Blick, was nichts anderes bedeutet, als dass sie maximale Gewinne erwirtschaften wollen. Dies ist jedoch schwierig, wenn sie in einen Wettbewerb zu anderen Anbietern treten müssen. Letztlich wird dann ein Produkt nur bei dem Anbieter gekauft, der das günstigste Angebot vorlegt (wenn alle anderen Bedingungen wie Funktionen des Produkts und Qualität gleich sind). Ein niedriger Preis geht aber direkt auf die Marge. Deshalb ist jeder Kapitalist daran interessiert, den Wettbewerb auszuschalten, damit aber auch den Markt zu zerstören.

Nur leider besitzen die meisten Kapitalisten nicht von sich aus die nötige Marktmacht, um ihren eigenen Preis festzulegen, was sie könnten, wenn die Konkurrenz entweder nicht existierte oder marginal wäre. Dann besäße der Kapitalist ein Monopol und wäre glücklich. Die meisten Kapitalisten müssen sich mit Wettbewerbern herumschlagen, die allerdings dasselbe Problem haben, wie der Kapitalist selber. Und wenn man ohnehin schon dieselben Interessen hat, dann findet man auch eine Lösung für das Problem. Die Lösung heißt: Kartell.

In einem Kartell treffen sich die Unternehmen und legen fest, zu welchen Preisen ein Produkt verkauft werden soll, oder sie definieren die Regionen, in denen ein Unternehmen seine Produkte anbietet, oder sie sprechen sich ab, wer bei welchem Auftrag wie bietet, damit jeder mal einen Auftrag erhält. Letztlich setzen die Kapitalisten dem Markt außer Kraft, sie bilden ein Kartell, das den Markt dominiert. So schreibt es dem Markt seine Regeln vor, anstatt sich den Regeln des Marktes zu unterwerfen, Regeln, die natürlich von der Gesellschaft, vom

Staat, vorgeschrieben werden müssen, in dem der Markt stattfindet.

Dieses Vorgehen ist typisch für Kapitalisten. Im Deutschen Reich war die Kartellbildung sogar ausdrücklich erlaubt – schließlich galt ja Vertragsfreiheit. Doch da ein Kartell den Markt zerstört, ist ein Kartell der Todfeind der Marktwirtschaft. In Deutschland wurden in einer offiziellen Statistik des Jahres 1905 insgesamt 385 Kartelle ausgewiesen. Erst im Jahr 1923 gab es eine Kartellverordnung in Deutschland, von der jedoch der Kohlen- und Kalibergbau ausgenommen waren. Diese Kartellverordnung sah jedoch nicht das Verbot von Kartellen vor, sondern versuchte nur, den Missbrauch der wirtschaftlichen Machtstellung einzuschränken. Die Kartelle wurden dafür unter die Aufsicht des Staates gestellt, wofür im Wirtschaftsministerium extra eine neue Abteilung gegründet worden war. Da jedoch nicht klar zu definieren war, wann ein Kartell seine Marktmacht missbrauchte, änderte sich für das tägliche Handeln der Kartelle praktisch nichts.

Erst seit dem Ende der 1950er Jahren sind Kartelle auch in Deutschland verboten. Seit dieser Zeit arbeitet das Bundeskartellamt und überprüft, ob sich nicht doch verbotenerweise Kartelle gebildet haben. Und das Bundeskartellamt ist seit seiner Gründung gut beschäftigt – obwohl auf europäischer Ebene seit einiger Zeit die Europäische Kommission ihm einen Gutteil der Arbeit abnimmt. Doch noch immer verhängt das Bundeskartellamt jährlich Strafen in dreistelliger Millionenhöhe. Im Jahr 2014 knackte das Bundeskartellamt sogar die Grenze von einer Milliarde Euro.

Wir können nur einige Beispiele für in den letzten Jahren aufgedeckte Kartelle nennen: Die „Schienenfreunde", zu denen unter anderem Voestalpine, Thyssen-Krupp und Corus (später Tata-Steel) gehörten, sprachen auf regelmäßigen Treffen über Jahre die Preise für Schienen ab, die sie in Deutschland von der Bahn und kommunalen Verkehrsunternehmen verlangen wollten. Das Kartell flog erst 2011 auf, soll aber schon seit den

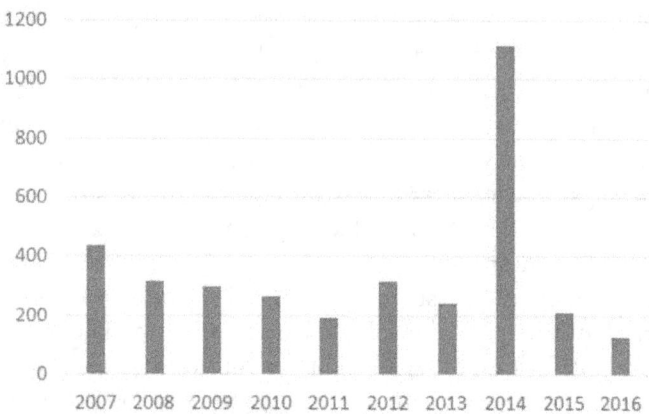

Abbildung 14: Das Bundeskartellamt verhängt jedes Jahr Strafen in dreistelliger Millionenhöhe. 2014 wurde sogar die Milliardengrenze geknackt.

1950er Jahren existiert haben. Allein der Deutschen Bahn soll nach Schätzung durch das Kartell ein Schaden von einer Milliarde Euro entstanden sein. Das Bundeskartellamt verhangte Strafen in Höhe von 124,5 Millionen Euro.

Im Februar 2014 verhängte das Bundeskartellamt gegen die Mitglieder des Zuckerkartells (Südzucker, Nordzucker und Pfeiffer & Langen) wegen wettbewerbswidriger Absprachen eine Geldbuße in Höhe von 280 Millionen Euro.

Illegale Preisabsprachen von Tchibo, Melitta und Dallmayr zwischen 2000 und 2009 führten zu einer Straße in Höhe von 159,5 Millionen Euro. Das Bier-Kartell, zu dem u.a. die Marken Bitburger, Krombacher, Veltins, Warsteiner, Carlsberg und Radeberger gehörten, musste 2014 eine Strafe von 338 Millionen zahlen.

Im Jahr 2012 wurde von der Europäischen Kommission eine Strafe von 1,47 Milliarden Euro gegen sieben Firmen verhängt (Samsung, Philips, LG Electronics, Technicolor, Panasonic, die

Panasonic-Tochter MTPD, Toshiba und der taiwanische Konzern Chunghwa), die zwischen 1996 und 2006 den weltweiten Preis für Bildröhren abgesprochen hatten.
Eine der höchsten Geldstrafen verhängte die EU-Kommission im Jahr 2016 gegen das LKW-Kartell. Insgesamt 2,93 Milliarden Euro Strafe mussten Daimler, Iveco, DAF, Volvo/Renault und MAN zahlen, weil sie zwischen 1997 und 2011 gegen Wettbewerbsregeln verstoßen hatten.
Wie diese völlig unvollständige Auflistung zeigt, sind Kartelle auch heute noch lebendig, obwohl sie streng verboten sind. Doch der Kapitalismus will einen „freien" Markt, also einen anarchistischen Markt, auf dem er tun und lassen kann, was er will – und wo er sich nicht albernen Marktgesetzen und staatlichen Regelungen unterwerfen muss. Deshalb können wir davon ausgehen, dass die Angriffe der Kapitalisten gegen die Marktwirtschaft auch in Zukunft weitergehen werden, und die Kartellämter weiterhin gut beschäftigt sein werden.

Monopole

Ein Monopol kann durch entstehen, dass ein Unternehmen mit der Zeit so mächtig wird, dass es de facto einen Markt dominiert, auch wenn es noch den einen oder anderen Konkurrenten geben mag, dessen Marktanteile allerdings vernachlässigbar gering sind. Es kann aber auch Monopole geben, weil einem Unternehmen eine bestimmte Aufgabe zugewiesen wurde, so wie es früher die Aufgabe der Post war, ein Land mit Telefonleitungen zu versorgen oder überall die Zustellung von Briefen sicherzustellen. Solche Monopole entstanden aus dem Grund, weil der Staat der Ansicht war, dass allen Bürgern eine Infrastruktur bereitgestellt werden sollte. Man befürchtete jedoch, dass ein Privatunternehmen sich nur die Rosinen herauspicken würde, und der Rest des Landes würde nicht in den Genuss der Infrastruktur wie

Telefonleitungen oder Autobahnen kommen. Gerade diese ehemals staatlichen Monopole sind für Kapitalisten von großem Interessen, und wir werden ihnen gleich einen eigenen Abschnitt widmen.

Doch hier wollen wir uns mit Unternehmen befassen, die aus eigenem Antrieb eine marktbeherrschende Stellung erreicht haben. Und wie man schon befürchten kann, wird diese auch in der Regel ausgenutzt.

Ein Unternehmen, dass eine marktbeherrschende Stellung erreicht hatte, haben wir schon kennengelernt: Rockefellers Standard Oil. Allerdings dauert es Jahre, bis das entsprechende Monopolverfahren abgeschlossen war, und Standard Oil zerschlagen werden konnte. Andere Verfahren dauerten ebenso lange, wobei auffällt, dass Monopol-Verfahren vor allem in den USA durchgeführt werden, vielleicht auch deshalb, weil es amerikanischen Unternehmen aufgrund ihres großen Heimatmarktes leichter gelingt, eine weltweite Marktdominanz zu erreichen.

Das nächste größere Verfahren wurde gegen den Telefonkonzern AT&T eingeleitet. AT&T hatte für lange Zeit ein Monopol im Telekommunikationsmarkt der USA. Im Jahr 1974 wurde deshalb ein Verfahren gegen AT&T eröffnet. In der Folge des Verfahrens erklärte AT&T sich bereit, sieben regionale Tochtergesellschaften abzustoßen, die sogenannten „Baby Bells". Dies wurde im Jahr 1982 durchgeführt, und AT&T verlor auf einen Schlag 70 Prozent seines Umsatzes. In den nächsten Jahren stieg AT&T in das Kabelfernsehgeschäft ein, übernahm sich dabei jedoch und musste diese Sparte 2002 an Comcast verkaufen. Geschwächt wurde AT&T dann im Jahr 2005 für gut 16 Milliarden Dollar von seinem ehemaligen Tochterunternehmen SBC Communication (SBC: Southwestern Bell Corporation) übernommen. Das Unternehmen übernahm dann den traditionsreichen Namen der Mutter und firmiert heute unter AT&T.

In den 1970er Jahren beschäftigten sich die Behörden mit IBM. Der Konzern hatte ein Monopol für Computer, die damals noch schrankgroße Rechner waren, und nutzte dieses Monopol auch zu seinem Vorteil aus: IBM lockte die Kunden mit billigen Preisen und baute dann seine Infrastruktur auf. Stand die erst einmal und wäre ein Wechsel zu teuer gekommen, dann hob IBM die Preise an. Außerdem durften IBM-Kunden auch nur IBM-Lochkarten benutzen und nicht etwa billigere Produkte von Konkurrenten einsetzen.

Das Verfahren gegen IBM, der damals ebenfalls eine Aufspaltung drohte, kam allerdings zum Erliegen, als IBM den Siegeszug der Personal Computer verschlafen und damit seine Marktmacht verloren hatte.

Einer der Gewinner der Personal Computer war Microsoft. Die Firma hatte IBM die Lizenz für das Betriebssystem ihres Personal Computers gegeben, durfte das Betriebssystem aber auch an Dritte verkaufen. Da viele Hersteller sich noch an IBM orientierten und ihre Computer wie den PC von IBM aufbauten, hatte sich ein riesiger Markt für Microsoft eröffnet. Microsoft verstand es geschickt, diesen Markt zu bedienen und ein Quasi-Monopol für Betriebssysteme im PC-Markt zu erhalten. Allerdings gingen Microsoft dabei nicht immer fair vor. Kunden wurden unter Druck gesetzt, das Microsoft-Betriebssystem einzusetzen, zudem verstand es Microsoft, weitere populäre Programme mit seinem Betriebssystem zu verknüpfen und Wettbewerbern nicht immer zu erzählen, wie diese ihre Programme für das Microsoft-Betriebssystem optimieren konnten, so dass diese nicht so gut unter dem Betriebssystem liefen wie die eigenen Programme von Microsoft. In der Folge drängte Microsoft viele Mitbewerber aus dem Markt.

Berühmt ist der Browser-Krieg. Microsoft hatte den Siegeszug des Internets verschlafen, so dass der Netscape Navigator in den 1990er Jahren zum dominierenden Browser werden konnte und praktisch der Zugang zum Internet war. Doch dann stattete Microsoft sein Betriebssystem standardmäßig mit dem Explorer (heute Edge) genannten Browser aus. Andere Browser mussten erst besorgt und installiert werden, was sich

Abbildung 15: Microsoft erreicht in den 1990er Jahren eine marktbeherrschende Stellung bei Betriebssystemen (hier das Logo aus dieser Zeit). Damals begangen mehrere Verfahren wegen Marktmissbrauchs gegen den Konzern.

nicht jeder zutraute. In der Folge stieg Microsofts Marktanteil und der von Microsofts Konkurrenten sank. Diese beschwerten sich bei den Kartellämtern, da Microsoft seine Marktmacht missbrauche. Microsoft erklärte sich schließlich der EU gegenüber bereit, auch andere Browser anzubieten, um einer Strafe zu entgehen. Doch Microsoft hielt sich dann nicht wirklich an das Versprechen und wurde deshalb im Jahr 2013 zu einer Strafe von 561 Millionen Euro verdonnert.

Schlimmer wäre es Microsoft beinahe in den USA ergangen. Hier wurde Ende der 1990er Jahre sogar ein Monopolverfahren gegen Microsoft eröffnet. Ein Gericht urteilte im Juni 2000, dass Microsoft sein Monopol missbrauche und deswegen aufgeteilt werden müsse, in eine Firma für Betriebssysteme und eine weitere für Anwendungssoftware. Doch dann gewann George W. Bush die Wahl und wurde Anfang 2001 neuer Präsident der USA. Als eine der ersten Amtshandlungen ernannte er einen neuen Leiter für das Kartellamt, das Urteil wurde aufgehoben, und Microsoft konnte weitermachen wie bisher.

Ein weiterer Gewinner der PCs war Intel, die die Prozessoren für die IBM-PCs herstellten. Auch Intel wurde von seinem großen Konkurrenten AMD vorgeworfen, dass es seine Marktmacht missbrauche und Kunden genötigt habe, keine Geschäfte mit AMD zu machen. Durch diese Praktiken soll Intel über die Jahre einen Gewinn von 60 Milliarden Dollar erzielt haben. Im Jahr 2009 verhängte die EU-Kommission gegen Intel wegen unlauteren Wettbewerbs eine Strafe von 1,06 Milliarden Euro.

Doch mittlerweile haben die Monopole des PC-Zeitalters auch schon wieder Konkurrenz bekommen. Google dominiert den Markt für mobile Betriebssysteme mit seinem Smartphone-Betriebssystem Android und die Suche im Internet. Diese Marktmacht soll Google missbraucht haben, um bei Produktsuchen eigene Preisvergleichsangebote bevorzugt aufgeführt zu haben, und so die Konkurrenz zu benachteiligen. Dafür verhängte die EU-Kommission im Jahr 2017 eine Strafe von 2,42 Milliarden Euro.

Im Juli 2018 wurde von der EU-Kommission eine neue Rekordstrafe gegen Google verhängt: Die Firma soll 4,3 Milliarden Euro zahlen, weil sie ihre Marktmacht beim Betriebssystem Android missbraucht hat. So wurden konkurrierende Systeme behindert, und Google hatte von den Handyherstellern verlangt, dass sie nicht nur Android installieren, sondern auch bestimmte Apps wie die Google-Suche oder den Browser Chrome. Ähnlich ging Microsoft bei seinem Browser vor, um sich die Konkurrenz vom Leib zu halten. Denn viele Kunden nutzen einfach das, was auf dem Rechner oder Smartphone vorinstalliert ist, und die Konkurrenz hat so kaum eine Chance, von den Nutzern überhaupt wahrgenommen zu werden.

Gerade Software-Konzerne, die erst vor wenigen Jahren gestartet sind, habe es mittlerweile geschafft, eine marktbeherrschende Stellung einzunehmen, weil sie vom Netzwerk-Effekt profitieren: Wenn schon viele Leute dazugehören, dann wollen immer mehr dazugehören. Wie will man seine Freunde heute ohne Facebook oder Whatsapp erreichen? Wie will man etwas suchen, wenn nicht mit Google? Wo will man ein Produkt anbieten, wenn nicht auf Amazon oder iTunes? So erreicht Google einen Marktanteil von über 90 Prozent in Europa, Facebook hat einen Marktanteil von über 70 Prozent bei sozialen Netzwerken und Amazon kontrolliert in Deutschland über ein Viertel des Handels im Netz. An diesen

Abbildung 16: An Internetriesen wie Google kommt niemand mehr vorbei. Sie beherrschen ihren Markt – und legen oft genug ihre eigenen Regeln fest, als wäre sie supranationale Staaten.

Giganten kommt niemand vorbei, und weil niemand an ihnen vorbeikommt, wachsen sie auch immer weiter. Sie sind wie Schwarze Löcher, die alles aufsaugen. Und nicht immer sind ihre Geschäftspraktiken völlig legal. Konzerne wie Google kommen immer wieder in die Schlagzeilen, weil sie die Grenzen der Legalität austesten. So werden Konkurrenten ins Abseits gedrängt, oder einfach längere Passagen von urheberrechtlich geschützten Passagen zitiert, oder Filme auf Youtube gezeigt, ohne den Rechteinhaber um Erlaubnis zu fragen. Und wer sich wehrt, muss befürchten, aussortiert zu werden und nicht mehr bei der Google-Suche als Ergebnis zu erscheinen. Damit bricht aber auch der Verkehr auf der eigenen Seite ein. Die Internetriesen können ihre eigenen Regeln festlegen – und sie versuchen dies auch allzu oft. Ganz so, als wären sie supranationale Staaten, die sich über lokale Gesetze hinwegsetzen können.

Und gerade diese wie supranationale Staaten agierenden Unternehmen, die in zahllosen Ländern Tochtergesellschaften haben, schaffen sich so etwas wie ihr eigenes Steuerrecht und halten dem Staat die ihm eigentlich zustehenden Steuern durch üble Tricksereien vor. Wir kommen später noch einmal darauf zurück.

Doch man muss nicht nur einen Markt beherrschen, um ihn zu beschädigen oder zu zerstören. Die Finanzkrise 2008, bei der Banken verantwortungslos mit Derivaten spekuliert hatten, bis Milliarden Euro vernichtet waren, hat uns auch gezeigt, dass es schon reicht, eine gewisse Größe zu haben, um sich nicht mehr um die Marktregeln kümmern zu müssen, sondern seine

eigenen Regeln machen zu können: Solche Firmen gelten als „too-big-to-fail", zu groß, als dass sie Pleite gehen dürften.
Die Finanzinstitute hatten sich von Banken, die der Industrie und den Kunden als Kapitalgeber dienen sollen, in riesige Spielcasinos verwandelt. Bei der Finanzkrise sah man dies deutlich. Auslöser waren faule Hypothekenkredite, doch deren Höhe summierte sich „nur" auf 1,4 Billionen Dollar. Die Wirtschaft wäre deswegen jedoch nicht zu Fall gekommen. Das geschah nur, weil die Banken aus den Krediten Wertpapiere geschnürt hatten, und daraus wieder neue Wertpapiere. All diese „Derivate" hatten schließlich einen Wert von 140 Billionen Dollar erreicht, die nun als Risiken in den Büchern der Banken standen. Zum Vergleich: Die gesamte Weltwirtschaft hatte im Jahr 2008 eine Größe von etwa 70 Billionen Dollar.
Doch all diese Risiken hatte man weitestgehend ignoriert. Erst als die Bank Lehman Brothers Pleite ging, erkannte man wirklich die Gefahr. Lehman Brothers war zwar eine große Bank, aber sie dominierte sicherlich nicht den Finanzmarkt. Hier gab es genug und teilweise noch größere Konkurrenten. Dennoch war sie so groß, dass ihr Bankrott ein Erdbeben in der Weltwirtschaft auslöste. Sie war mit zu vielen anderen Instituten vernetzt, sie war systemrelevant oder, wie die Amerikaner sagen, „too-big-to-fail". Sie war zu groß, als dass sie hätte Bankrott gehen dürfen.
Um die Folgen der Finanzkrise abzumildern und zu verhindern, dass noch weitere Banken Pleite gehen, stellten die Regierungen weltweit Milliarden zur Verfügung. Allein die USA brachten 13 Billionen Dollar auf (knapp ein Zehntel hätte genügt, um alle Hypothekenkredite zu begleichen), und Deutschland gab für die Stärkung der Banken und der Wirtschaft etwa 400 Milliarden Euro aus. Weltweit lagen allein die Konjunkturprogramme bei 2000 Milliarden Euro.
Normalerweise muss eine Firma, die in wirtschaftliche Schwierigkeiten kommt, Konkurs anmelden. Doch Unternehmen, die als systemrelevant gelten, haben nun einen

Freifahrtschein. Sie können machen, was sie wollen, im Vertrauen darauf, dass der Staat sie schon retten wird.
Dies tat der Staat auch schon lange vor der Finanzkrise des Jahres 2008. Ein Beispiel ist der Hedge-Fonds Long-Term Capital-Management (LTCM). Zu den Direktoren des Fonds gehörten die späteren Nobelpreisträger für Ökonomie Myron Scholes und Robert Merton, dessen komplizierten mathematischen Modelle zur Vorhersage der Entwicklung der Weltwirtschaft die Grundlage für die Arbeitsweise dieses Fonds lieferten. Die Spekulationen verliefen anfangs erfolgreich: In den ersten Jahren erwirtschaftete der Fonds eine Nettorendite von 40 Prozent pro Jahr für seine Anleger. Die Wirtschafts- und Währungskrise in Russland im Jahr 1998 wurde von diesem Fonds jedoch nicht vorhergesehen. Im Zuge der Krise verlor er im Jahr 1998 innerhalb von vier Monaten 4,6 Milliarden Dollar (Scholes und Merton hatte noch rechtzeitig vorher, im Jahr 1997, den Nobelpreis für ihre Arbeiten erhalten). Man befürchtete ein Übergreifen der finanziellen Schieflage auf andere Banken und die Realwirtschaft, sollte dieser Fonds einfach bankrottgehen. Deshalb organisierte die FED von New York eine Rettungsaktion, bei der sich zahlreiche andere Banken wie die Deutsche Bank, Barclays oder Goldman Sachs beteiligten. Zugleich senkte Alan Greenspan den Leitzins in den USA, um einer Liquiditätskrise vorzubeugen. Von den Profiteuren der vorhergehenden, goldenen Jahre des Fonds beteiligte sich jedoch keiner an seiner Rettung.
Die Deutsche Bank verhielt sich über lange Jahre ebenfalls so, als gelte das Recht nicht für sie und sie könne nach ihren eigenen Regeln agieren. In den USA fiel sie durch eine aktive Beteiligung an dubiosen Hypothekengeschäften auf, sie musste sich Geldwäschevorwürfen stellen und war an der Manipulation des Libor beteiligt, eines Referenzzinses der Finanzwirtschaft. Der Aktienkurs der Deutschen Bank brach in der Folge auf ein Zehntel des Höchstwertes ein. Letztlich nahm sie direkt keine Staatsgelder in Anspruch – allerdings profitierte sie davon, dass ihre Kreditnehmer Staatsgelder bekamen, die

diese dann an die Deutsche Bank weiterreichen mussten. Es hätte nicht viel gefehlt, und die Deutsche Bank wäre in die Knie gegangen – und hätte dann direkt von Staat gerettet werden müssen, da sie nun einmal „too-big-to-fail" ist.

Heute sind es vor allem die Autohersteller in Deutschland, die zu groß sind, als dass sie ausfallen dürften. Im Jahr 2015 wurde bekannt, dass VW bei der Reinigung der Dieselabgase betrogen hatte: Der Konzern hatte eine Software installiert, die auf dem Prüfstand einen sauberen Diesel vorgaukelte, während die Fahrzeuge auf der Straße reine Dreckschleudern waren. In der Folge wurde bekannt, dass viele Dieselhersteller (und die deutschen Hersteller waren hier noch nicht einmal die schlimmsten) die Abgasreinigung ihrer PKW auf der Straße oft abschalten. Sie taten dies mit der Ausrede, dass sonst der Motor geschädigt würde. So war bei vielen Autoherstellern die Abgasreinigung bei Temperaturen unter 10°C nicht aktiv, in Deutschland also für mehr als die Hälfte des Jahres, und das, obwohl eine EU-Verordnung fordert, dass Abgasreinigungen bis -15°C funktionieren müssen. Doch die Politik griff nicht ein. Sie versuchte eher, die betrogenen Kunden zu beruhigen, als die Autohersteller zur Verantwortung zu ziehen. Dabei hatten diese die Fahrzeuge mit einer Betrugssoftware ausgestattet, die nicht mit den EU-Regeln vereinbar war. Sie hatten also gegen das Gesetz verstoßen. Deutschland hätte gegen die Autokonzerne Bußgelder verhängen müssen. Doch das hielt man nicht für nötig. Die EU-Kommission sieht das anders, und hat deswegen im Juli 2017 ein Vertragsverletzungsverfahren gegen Deutschland in Gang gesetzt. Doch eine Industrie, die über 800.000 Menschen in Deutschland beschäftigt und für einen großen Teil der Exporte verantwortlich ist, scheint sich nicht an die Regeln des Landes halten zu müssen.

Sobald ein Unternehmen aber so groß ist, dass es sich nicht mehr an die Gesetze des Landes und des Marktes halten muss, dann stirbt die Marktwirtschaft. Als Konsequenz muss für die

Abbildung 17: Einige Unternehmen gelten als „too-big-to-fail" und scheinen sich jedes Fehlverhalten leisten zu können. Damit setzen sie jedoch den Markt außer Kraft.

Politik gelten: Kein Unternehmen darf so groß werden, dass es „too-big-to-fail" wird.

Doch Politiker und auch wir Bürger fühlen uns wohl, wenn es in unserem Land große Konzerne gibt; dies scheinen Symbole für die Größe des Landes zu sein. So versucht die Politik nicht, die Größe der Unternehmen zu beschränken, sondern beschränkt sich darauf, die Unternehmen genauer zu kontrollieren. Doch Kapitalisten sind gut darin, Regeln auszuweichen. Sie wollen keine Marktwirtschaft, die Freiheit für alle garantiert, sondern einen Kapitalismus, der Anarchie erzeugt, in dem sie de facto die Regeln vorgeben können.

Heute werden die Banken etwas besser kontrolliert, doch nun weichen die Spekulanten auf sogenannte „Schattenbanken" aus, Investmentgesellschaften, die vom Staat nicht so stark kontrolliert werden wie die offiziellen Banken. Der größte Vermögensverwalter der Welt, die Blackrock Inc. in New York, verwaltete am Stichtag 30. Juni 2017 ein Vermögen von 5,69 Billionen US-Dollar. Zum Vergleich: Das Bruttoinlandsprodukt Deutschlands betrug 2016 „nur" 3,47 Billionen US-Dollar, womit Deutschland nach Japan, China und den USA auf Platz vier der größten Volkswirtschaften lag. Wäre Blackrock eine Volkswirtschaft, dann wäre es noch größer als Japan und müsste sich nur China und den USA geschlagen geben. Und Blackrock ist zwar die größte

Investmentgesellschaft, aber nicht die einzige. Als Bürger hat man kaum noch einen Überblick, wie viele Unternehmen es eigentlich auf der Welt gibt, die der Welt ihren Willen aufzwingen können, weil sie zu groß sind, als dass der Markt und demokratische Regierungen sie noch in Schach halten könnte.

Privatisierung

Es gibt Bereiche, die quasi „natürlich" ein Monopol aufweisen. Dies betrifft in der Regel Bereiche der Infrastruktur wie Straßen, die Wasserversorgung, Strom und Telefon. Diese Dienste wurden in der Regel nicht in die Hände privater Gesellschaften gelegt, weil jeder Bürger Zugang zu der Infrastruktur haben sollte. Ein Privatunternehmen muss wirtschaftlich arbeiten. Vor die Frage gestellt, wo es die Telefoninfrastruktur ausbauen soll, wird es sich für die Regionen eines Landes entscheiden, wo es mit vergleichsweise geringem Aufwand viele Menschen erreichen kann, also bevorzugt die Städte. Ländliche Bereiche hingegen, wo das nächste Haus erst in einem Kilometer Entfernung steht, würden von Privatunternehmen erst sehr spät oder nie an das Telefonnetz angebunden, weil es unwahrscheinlich ist, dass die Kosten für die Infrastruktur je wieder eingespielt werden können. Die Anbindung eines einsamen Hofes auf dem Land rechnet sich einfach nicht. Bei modernen Internetanschlüssen und Mobilfunkverbindungen erleben wir dieses Dilemma gerade, dass ländliche Bereiche von Privatunternehmen nicht ausreichend oder gar nicht versorgt werden, weshalb der Staat nun den Privatunternehmen mit großzügigen Subventionen unter die Arme greift (wenn der Staat Geld zu vergeben hat, dann darf er auch in den in freiesten Markt eingreifen).

Deshalb übernahm der Staat früher, als man noch nicht glaubte, dass ein unregulierter Markt schon alles richten werde, die Bereitstellung der Infrastruktur. Viele dieser Betriebe, die Post oder die Bahn, waren gar Ämter und die Mitarbeiter verbeamtet. Zwar sollten auch die Ämter auf die Kosten achten, doch das vordringliche Ziel war es, eine stabile Versorgung mit der Infrastruktur für alle Bürger eines Landes bereitzustellen. Und man kann nur sagen: Diese Aufgabe haben die Ämter mit großem Erfolg erfüllt

Doch dann änderte sich die Stimmung. Die Ämter, die die Infrastruktur bereitstellten, schienen zu träge zu werden, die Industrie versprach, sie könne die Dienste in besserer Qualität zu geringeren Kosten herstellen, und der Staat erkannte, dass er Geld einnehmen und Schulden senken konnte, wenn er seine Ämter in Unternehmen umwandelte und an Investoren verkaufte. Plötzlich war die Privatisierung von staatlichen Unternehmen in aller Munde – und jeder war begeistert. Die Politik erwartete sich Geld durch die Privatisierung, die Kunden einen besseren Service und die Investoren hohe Renditen. Nur die Mitarbeiter standen dem kritisch gegenüber, aber deren Meinung zählte nicht viel. Also setzte man diesen Plan um, und privatisierte staatliche Unternehmen.

Die umfassendste Privatisierung in Europa betrieb Großbritannien. Unter der Ägide von Margaret Thatcher, die von 1979 bis 1990 regierte, wurden die meisten staatlichen Betriebe in Großbritannien verkauft. Dazu gehörten unter anderem: Der Rüstungs- und Luftfahrtkonzern British Aerospace (von 1981 bis 1985), die Fluggesellschaft British Airways (1987), der Triebwerkshersteller Rolls-Royce plc (1987), das Ölunternehmen BP (1979 bis 1987), die British Telecon (1982) und der Trinkwasserversorger Thames Water (1989). Auch in Deutschland hat man nach und nach einige Betriebe privatisiert, wenn auch nicht so exzessiv wie in Großbritannien. Bekanntestes Beispiel dürfte die Deutsche Telekom sein, deren „Volksaktien" am 18. November 1996 zu einem Preis von 28,50 DM (14,57 €) reißenden Absatz

Abbildung 18: Viele ehemalige Staatsunternehmen, hier das Logo der Telekom bis 2013, wurden privatisiert. Die Rendite wuchs, auch wenn der Service schlechter wurde, da sich die Unternehmen auf lukrative Bereich fokussieren und keinen umfassenden Service mehr bereitstellen.

gefunden hatten. In den ersten Jahren nach der Privatisierung schien die Aktie auch alle Phantasien zu erfüllen. Am 6. März 2000 erreichte sie einen Höchststand von 103,5 €, von dem sie seitdem weit entfernt ist. Allerdings zahlt die Telekom ihren Anlegern regelmäßig eine Dividende, so dass sich ein Investment in ihr doch noch rechnen kann.

Ebenso wie der Telekommunikationsmarkt wurde auch der Strommarkt in Deutschland privatisiert. Bis zum Ende der 1990er Jahre bot dieser in Deutschland ein übersichtliches Bild: Es gab etwa 1000 öffentliche Stromversorger, die für ein genau abgegrenztes Gebiet zuständig waren. Ein Wettbewerb fand zwischen diesen Stromversorgern nicht statt, statt eines effizienten Marktes mit, wie man gerne glaubt, geringeren Preisen legte man auf eine hohe Versorgungssicherheit wert. Und tatsächlich kommt es auch heute noch in Deutschland deutlich seltener zu Stromausfällen als in den USA, wo die Stromerzeugung von Anfang an weitgehend in privater Hand lag. Ein Grund dafür ist auch, dass in den USA die Stromleitungen immer noch oberirdisch geführt werden. Dies reduziert zwar gegenüber unter der Erde verlegten Leitungen die Kosten für die Infrastruktur, allerdings setzt man so die Versorgungssicherheit den Unwettern der Natur aus. Doch einem privaten Unternehmen sind die Kosten wichtiger als die Versorgungssicherheit.

Durch die Öffnung der Strommärkte für private Anbieter erhoffte man sich eine Senkung der Preise. Die erhoffte Preissenkung trat in den ersten Jahren auch ein. Von März 1998 bis Januar 2000 sank der Preis für Großkunden um 27 Prozent, von 15,405 Cent/kWh auf 11,244 Cent/kWh.

Ähnlich sank anfangs auch der Strompreis für Privatkunden von durchschnittlich 17,11 Cent/kWh im Jahr 1998 für einen Drei-Personen-Haushalt auf 13,94 Cent/kWh im Jahr 2000. Seitdem steigen die Strompreise jedoch wieder und lagen schon im Jahr 2006 inflationsbereinigt wieder über den Preisen von 1998. Im Jahr 2011 lagen sie inflationsbereinigt sogar 15 Prozent darüber. Richtig gelohnt hat sich die Privatisierung für die Bürger damit nicht.

Anders sieht dies jedoch für die Unternehmen und ihre Investoren aus, wie man am Beispiel der RWE sehen kann: Im Jahr 1997 (vor der Privatisierung) machte RWE einen Jahresgewinn von umgerechnet etwa 700 Millionen Euro. Im Jahr 2008 erwirtschaftete RWE einen Gewinn von 3,37 Milliarden Euro – fast das Fünffache! Und trotz der Energiewende, die RWE dazu zwang, mehr erneuerbare Energie ins Netz zu speisen und einige lukrative Atomkraftwerke abschaltete, erwirtschaftete RWE 2011 noch ein Nettoergebnis von 2,479 Milliarden Euro.

Da RWE sich als Privatunternehmen vor allem auf die Optimierung der Gewinne fokussiert hat und so wichtige Investitionen im Bereich der erneuerbaren Energien nicht durchführte, geht es der Firma heute allerdings schlechter als noch zu den Zeiten vor der Privatisierung.

Zwar erklären uns die Stromanbieter immer, dass die höheren Strompreise allein aufgrund der höheren Energiepreise auf den Weltmärkten und den immer weiter steigenden staatlichen Abgaben z.B. für die regenerativen Energien nötig seien, doch die Entwicklung der Gewinne zeigen, dass dies nicht die einzigen Gründe für die höheren Preise sind.

Die hohen Gewinne werden auch nicht deshalb erreicht, weil private Unternehmen einfach effizienter sind als staatliche, wie viele Unterstützer der Privatisierung immer wieder behaupten. Diese Gewinne sind vor allem deshalb möglich, weil private Unternehmen der Versorgungssicherheit nicht mehr ein so großes Gewicht beimessen. Bei den Telekommunikationsunternehmen führt dies heute, zwanzig Jahre nach der Gründung von Google, immer noch dazu, dass viele Bürger auf dem Land keine schnelle Internetverbindung haben. Bei den Stromunternehmen führt dies dazu, dass die Infrastruktur langsam wegrostet. So knickten im November 2005 im Münsterland zahlreiche ältere Strommasten unter dem Gewicht des Schnees ein, und bis zu 250.000 Menschen mussten tagelang ohne Strom auskommen. Die Investoren konnten jedoch hohe Gewinne einstreichen, weil der Strommarkt immer noch stark monopolistisch ausgerichtet ist.

Ähnliches beobachtet man bei der Bahn. Auch diese sollte in Deutschland an private Investoren verkauft werden, weshalb sie zum 01. Januar 1994 in eine privatrechtliche Form umgewandelt wurde. Dann machte man sich daran, die Bahn für den Börsengang aufzuhübschen, der im Jahr 2008 stattfinden sollte (wozu es dann wegen der Finanzkrise jedoch nicht mehr kam). Doch die Bürger konnten dann erleben, was es bedeutet, wenn die Bahn nach privatrechtlichen Regeln betrieben wird. Auch hier wurden die Gewinne ohne Rücksicht auf Verluste aufgehübscht. So überwies die Berliner S-Bahn jedes Jahr gut 50 Millionen an den Mutterkonzern, Geld, das eigentlich für die ordnungsgemäße Wartung der S-Bahnen benötigt worden wäre. Da das Geld nun fehlte, hatten die Manager der Bahn einfach mal die Wartungsintervalle verlängert. Im Sommer 2009 kam es zu einem Achsenbruch, der bei ordnungsgemäßer Wartung nicht aufgetreten wäre. Über die Hälfte der S-Bahn-Züge musste von den Schienen genommen und überprüft werden. Anfang September fiel zudem auf, dass die Bremsen bei vielen Zügen nicht mehr zuverlässig funktionierten. Nur noch ein Viertel der Züge entsprach den Sicherheitsbestimmungen, die anderen mussten zur Wartung in den Depots bleiben. Hunderttausende Berliner warteten wochenlang vergeblich auf die Züge zur Arbeit.

Abbildung 19: Auch an der Bahn, die für den Börsengang hübsch gemacht werden sollte, konnte man sehen, dass Privatisierung zwar höhere Renditen, aber auch eine schlechtere Versorgungsicherheit bedeutet.

In Großbritannien hatte man den Bahnbetrieb schon 1996 privatisiert. Nun sorgen dort insgesamt 25 private, regionale Gesellschaften inselweit für den Bahnbetrieb. Fast jedes Unternehmen verfügt über sein eigenes Preissystem, eine Koordination der Zugabfahrten findet praktisch nicht statt. Der Kunde kann nur hoffen, dass er für die verschiedenen Züge auch das richtige Ticket erwischt hat – und der Anschluss für die Weiterfahrt in einer halbwegs erträglichen Wartezeit zu erreichen ist.

Die Betreiber sparen Geld, wo sie nur können. Die Kunden müssen mit den Folgen der Sparmaßnahmen leben – und beschweren sich über Verspätungen, Annullierungen von Zügen, ständig überfüllte Abteile oder gar Flohbefall der Waggons.

Auch die Schienen werden unter privatwirtschaftlicher Ägide nicht mehr so gewartet, wie man dies vom „lahmen" Staatsbetrieb gewohnt war. So erlebten die Engländer im Oktober 2000 zum ersten Mal seit Jahrzehnten wieder einen

Schienenbruch – die ehemalige Staatsbahn hatte es geschafft, diese Art der Beschädigung durch intensive Kontrolle und Investitionen in die Infrastruktur seit 1967 ganz verschwinden zu lassen. Hätten die Kunden die Wahl, so würden sie sich die alte Staatsbahn zurückwünschen.
Gäbe es tatsächlich einen Wettbewerb in den früheren Staatsbetrieben, dann könnte es sich kein Unternehmen erlauben, einen so erbärmlichen Service zu liefern. Doch dank der Quasi-Monopole der früheren Staatsbetriebe können Investoren den Service reduzieren und zugleich die Preise erhöhen – und die Kunden können nichts dagegen tun. Sie sind den Quasi-Monopolisten ausgeliefert. Deshalb sind diese beiden Investoren ja auch so beliebt – und deshalb fordern neoliberale Ökonomen beständig, weiterhin möglichst alle staatlichen Betriebe zu privatisieren. Alles im Sinne der Kapitalisten, die sich damit eine goldene Nase verdienen.
Dieses Vorgehen wiederholt sich bei praktisch allen Privatisierungen, die der Staat in den letzten Jahren angestoßen hat. Ein weiteres Beispiel bieten die Wohnungen, die der Staat jahrelang für Familien mit kleinen Einkommen gebaut hatte, damit diese sich einen bezahlbaren Wohnraum leisten konnten. Mehrere hunderttausend Wohnungen befanden sich im staatlichen Besitz – und stellten einen unglaublichen Reichtum in Höhe mehrere Milliarden Euro dar, den man in Zeiten knapper Kasse gerne zu Geld machen wollte.
Vor allem angelsächsische Investoren standen Gewehr bei Fuß, als die staatlichen Wohnungsbaugesellschaften nach Käufern suchten. Bei der großen Zahl der Wohnungen machte es kaum Sinn, die Wohnungen einzeln zu verkaufen – der Aufwand hätte die städtischen Verwaltungen lahmgelegt. Lieber suchte man sich einen zahlungskräftigen Investor, der geschwind ein paar hundert Millionen Euro auf den Tisch legen konnte. Und so wechselten Anfang des neuen Jahrtausends insgesamt 48.000 Wohnungen in Dresden, 24.000 Wohnungen in Berlin und 28.000 Wohnungen in Hamburg auf einen Schlag den Besitzer. Anfang 2012 verkaufte die Landesbank Baden-Württemberg

(LBBW) 21.000 Wohnungen für knapp 1,5 Milliarden Euro an ein Konsortium unter der Führung der Immobiliengesellschaft Patrizia, und auch die BayernLB trennte sich von 33.000 Wohnungen, die sich in ihrem Besitz befanden.

Für die Investoren rechnet sich die Ausgabe immer. Viele Wohnungen aus dem alten Bestand werden von Hart IV-Beziehern bewohnt – das Geld kommt jeden Monat pünktlich vom Sozialamt. Und sollten die Einnahme nicht reichen, um einen Gewinn zu erwirtschaften, dann kann der neue Eigentümer ja immer noch die Miete erhöhen. Beim Verkauf der Wohnungen der LBBW wurde den Investoren eine jährliche Mieterhöhung von drei Prozent über der Inflationsrate zugestanden. Zudem dürfen die Investoren jährlich fast tausend Wohnungen gewinnbringend verkaufen. So kommt das Geld ganz von alleine rein.

Auch achten die Investoren darauf, dass nicht zu viel Geld ihre Kassen verlässt. Investitionen in Instandhaltung und Sanierung werden von den privaten Investoren deutlich zurückgefahren. Es häufen sich die Beschwerden von Mietern über teilweise skandalöse Zustände in ihren Wohnungen. So werden etwa 30.000 Wohnungen, die die Stadt Dortmund an private Investoren verkauft hat, kaum noch in Stand gehalten, in 5000 Wohnungen der Nau Real Estate Group AG wurde gar nicht mehr investiert. Wasser drang in diese Wohnungen ein, der Schimmel breitete sich aus, und die Bewohner wurden krank. Und die „Kunden" haben kaum eine Möglichkeit, sich gegen diese Maßnahmen zur Wehr zu setzen.

Die privaten Investoren nutzen die Vorteile, die ihnen die früheren staatlichen Monopole bieten, genüsslich aus.

Doch mittlerweile findet zumindest teilweise ein Umdenken statt. So wollen immer mehr Kommunen ihre zwischenzeitlich privatisierten Stromnetze wieder zurückkaufen und selber betreiben, wie die Hansestadt Hamburg. In Neuseeland ging man sogar einen Schritt weiter. Das Land hatte in den 1980er und 1990er Jahre viele staatliche Betriebe privatisiert. So war im Jahr 1992 das Stromnetz von Auckland privatisiert und in das private Unternehmen Mercury Energy umgewandelt worden. Anfangs florierte das Unternehmen und schien den Propheten der unregulierten Märkte recht zu geben: Ende der 1990er Jahre erreichte es eine Umsatzrendite vor Steuern von sagenhaften 21 Prozent. Doch Anfang 1998 wurde klar, wie diese Rendite erwirtschaftet worden war: Man hatte nichts mehr in die Infrastruktur investiert. Mehrere Stromleitungen, die die Innenstadt von Auckland versorgten, fielen innerhalb weniger Tage aus. Ein Großteil des Stadtzentrums von Auckland war damit ohne Strom. Es dauerte fast sechs Wochen, bis die Stromversorgung wieder hergestellt werden konnte – ein Desaster für eine moderne Millionenstadt.

Ebenso wurden Investitionen in die Infrastruktur der Bahn in Neuseeland vernachlässigt. Der Service wurde immer schlechter, weil man Mitarbeiter entließ, um Kosten zu sparen. Die 1999 wieder ins Amt gewählte Labour Partei änderte deshalb den Kurs. Nun wurden nach und nach früher privatisierte Unternehmen wieder zurückgekauft und unter staatliche Leitung gestellt. Im Jahr 2008 betraf dies auch die neuseeländische Bahn. Für umgerechnet 336 Millionen Euro kaufte der Staat die Bahn wieder zurück.

Mittlerweile hat man in Europa die merkwürdige Situation, dass einige Politiker immer noch staatliche Betriebe privatisieren möchte (und viele Ökonomen das immer noch fordern), obwohl man erkannt hat, dass die Kapitalisten die Quasi-Monopole nur zu ihrem Vorteil ausnutzen und die Rendite auf Kosten der Betriebssicherheit und der Qualität maximieren, was langfristig zum Schaden aller ist. Und dann muss in der Regel der Staat einspringen, um die Schäden zu beheben – sei es nun bei der Reparatur von heruntergewirtschafteten Wohnungen der privaten Wohnungsbesitzer oder bei der Errichtung einer modernen Internet-Infrastruktur auf dem Land.

Private, kapitalistische Unternehmen wollen eben nur den Profit maximieren. Und wenn es keinen Wettbewerb gibt, dann können sie sich auch darauf beschränken, allein den Profit im Blick zu haben.

Nun könnte man sagen, dass ein Wettbewerb im Bereich der Infrastruktur doch alle Probleme beheben würde. Sicherlich würde Wettbewerb die Unternehmen dazu zwingen, nicht nur den Profit, sondern auch die Qualität ihrer Produkte im Blick zu haben. Doch wie will man im Bereich der Infrastruktur wirklichen Wettbewerb erreichen? Soll man einem Dutzend Firmen erlauben, Telefonleitungen in die Wohnung zu legen und mehrere parallele Autobahnen oder Stromleitungen über das Land zu führen? Das möchte doch sicher niemand. Der Eingriff in die Natur durch die Infrastrukturmaßnahmen soll möglichst gering sein. Damit kann es aber auch keinen wirklichen Wettbewerb geben.

Und das würde auch nicht das Problem lösen, dass private Unternehmen einfach kein Interesse daran haben, auch unwirtschaftliche Regionen zu bedienen. Privatunternehmen werden sich auf die Bereiche konzentrieren, in denen sich die Rendite maximieren lässt. Alles andere fällt dann herunter.

Wie man es auch dreht: Gerade im Bereich Infrastruktur kann es gar keinen Markt geben. Hier können nur „natürliche" Monopole vorkommen, da ein wirklicher Wettbewerb nicht vorstellbar ist. Doch soll man diese Monopole in die Hände von Kapitalisten geben oder lieber unter staatlicher Kontrolle halten? Die Kapitalisten kennen nur das Ziel der Gewinnmaximierung, der Staat stellt hingegen die Versorgungssicherheit in den Mittelpunkt seines Handelns. Die Gewinnmaximierung mag für einige wenige Investoren vorteilhaft sein, für die Mehrheit der Bevölkerung ist dies jedoch nachteilig.

Dennoch gehen der Industrie und der Politik nicht die Ideen aus, wie man für die Industrie weitere monopolartige Inseln schaffen kann, die den Markt außer Kraft setzen, für Investoren hohe Renditen garantieren und zum Nachteil für die Bürger sind.

Öffentlich-private Partnerschaften

Das prominenteste Beispiel dafür, wie man Unternehmen kleine Monopole schafft, sind die öffentlich-privaten Partnerschaften (ÖPP) manchmal auch als Private-Public Partnerships (PPP) bezeichnet.

Die öffentlich-privaten Partnerschaften wurden zuerst von der konservativen Regierung Großbritanniens unter John Major in den 1990er Jahren unter dem Titel „Private Finance Initiative (PFI)" eingeführt. Bei diesen Projekten stellt die private Industrie das Geld für ein öffentliches Projekt bereit, zumeist betreibt sie das Projekt dann auch, und erhält ihre Investitionen über Mieten, Gebühren oder Gewinnbeteiligungen wieder zurück. Bei ÖPP-Projekten handelt es sich zumeist um Projekte aus dem Bereich der Infrastruktur wie den Bau von Straßen oder Brücken.

Nach einem Bericht des britischen Parlaments aus dem Dezember 2001 wurden in den ersten neun Jahren dieser Initiative fast 450 PFI-Verträge mit einem Wert von 20 Milliarden Pfund abgeschlossen. Der Bericht geht davon aus, dass aufgrund dieser Verträge bis zum Jahr 2025 weitere 100 Milliarden Pfund an die Partner aus der Privatwirtschaft gezahlt werden müssen.

Während die ÖPP in Großbritannien schon seit den 1990er Jahren erfolgreich betrieben werden, sind sie in Deutschland ein recht neues Geschäftsmodell. Hier wurde erst Anfang der 2000er Jahre die Gesetzeslage für ÖPP-Projekte geschaffen. Das bekannteste Projekt in Deutschland ist wahrscheinlich „Toll-Collect", während das IT-Projekt „Herkules" der Bundeswehr das größte ÖPP-Projekt Europas war.

Die ÖPP-Projekte werden der öffentlichen Hand zum einen mit der Behauptung schmackhaft gemacht, dass ein privatwirtschaftliches Unternehmen die Projekte deutlich effizienter durchführen könnte als ein staatliches Unternehmen mit seiner sprichwörtlichen „Beamtenmentalität" und Langsamkeit. Ein weiteres Argument, das der öffentlichen Hand in diesem Zusammenhang gefällt, ist, dass zwar genau genommen Schulden aufgenommen werden – die Unternehmen müssen ja über Jahre bezahlt werden – doch fiskaltechnisch müssen diese Schulden nicht als Schulden ausgewiesen werden. Man kann also Geld ausgeben, ohne dass diese Ausgaben offiziell in den Büchern auftauchen. Die „schwarze Null", die unsere Politik zum Fetisch erhoben hat, kann damit gewahrt bleiben.

Trotz dieser eigentlich offensichtlichen Vorteile liefen die ÖPP-Projekt in Deutschland nur schleppend an. Im November 2008 wurde deshalb unter der Federführung des Bundesministeriums der Finanzen sowie des Bundesministeriums für Verkehr, Bau und Stadtentwicklung die ÖPP Deutschland AG (Partnerschaften Deutschland) gegründet, die sich auf ihrer Homepage als „unabhängiges Beratungsunternehmen für öffentliche Auftraggeber zur Förderung der Öffentlich-Privaten Partnerschaften (ÖPP)" preist.

Die ÖPP Deutschland AG ist eine öffentlich-private Initiative, an der zehn Bundesländer, 82 Kommunen und 33 weitere öffentliche Auftraggeber einen Anteil von 57 Prozent halten. Die restlichen 43 Prozent befinden sich in der Hand einer privaten Beteiligungsgesellschaft, an der über 70 Unternehmen beteiligt sind. Bei diesen Unternehmen handelt es sich im Wesentlichen um Firmen aus der Finanzbranche, wie die Deutsche Bank oder die Commerzbank, und um Firmen der Baubranche wie Bilfinger Berger und Hochtief – also den Firmen, die von ÖPP-Projekten profitieren, weil sie diese umsetzen oder finanzieren. Dennoch wirbt die ÖPP Deutschland AG mit einer „neutralen Beratung".

Im Januar 2012 recherchierte das Magazin „Impulse", dass die ÖPP Deutschland AG im Wesentlichen auf Betreiben der größten deutschen Banken gegründet worden war. Dazu hatte die „Initiative Finanzstandort Deutschland", eine Lobby-Organisation der Finanzindustrie, im Jahr 2007 ein Konzept ausgearbeitet, das anschließend ohne große Änderungen vom Bund umgesetzt worden war.

Trotz dieses Beigeschmacks scheint die Arbeit der ÖPP Deutschland AG erfolgreich zu sein. Im Sommer 2012 schon vermeldete die ÖPP-Projektdatenbank des Bundesministeriums für Verkehr, Bau und Stadtentwicklung 240 laufende ÖPP-Projekte in Deutschland.

Eines der Vorzeige-ÖPP-Projekte in Deutschland ist der Ausbau der A1 zwischen Hamburg und Bremen von vier auf sechs Spuren sowie die Wartung dieses Teilstücks für 30 Jahre. Der Auftrag wurde an das Baukonsortium „A1 Mobil" vergeben, einer Tochter des Baukonzerns Bilfinger Berger und der mittelständischen Papenburger Baufirma Bunte. Die Kosten des Projekts belaufen sich auf 650 Millionen Euro. Für die Zeit der Vertragslaufzeit erhält A1 Mobil die Einnahmen aus der LKW-Maut auf diesem Teilstück, deren Höhe jedoch wie ein Staatsgeheimnis behandelt wird.

Der Ausbau der Strecke war von einem ungewöhnlichen Anstieg von Unfällen auf diesem Teilstück begleitet. Die Unfallzahlen stiegen während dieser Zeit um 121 Prozent, stärker als sonst bei Baustellen auf Autobahnen. Der Grund lag zum einen darin, dass die Unternehmen die Bauarbeiten möglichst schnell durchführen wollten – schließlich ist Zeit Geld – zum anderen sollten aber auch möglichst viele LKWs durchfahren – schließlich hängen die Einnahmen von A1 Mobil von der Höhe der LKW-Maut ab. Also wurden extrem enge Fahrspuren errichtet und man verzichtete darauf, die LKWs, wie sonst bei engen Baustellen üblich, auf andere Strecken umzuleiten. Am Fahrbahnrand konnte man haufenweise PKW-Spiegel finden – vorbeifahrende LKWs hatten diese einfach von den PKWs abgerissen. Die Zahl der Verkehrstoten auf diesem Teilabschnitt war von zwei im Jahr 2008 (vor dem Baubeginn) auf sechs im Jahr 2009 gestiegen. Da die Fahrspuren so eng waren, konnte die Kraftfahrer auch keine

Rettungsgasse mehr bilden – die Rettungskräfte gelangten kaum noch zu den Unfallstellen, oft schickte man sie von zwei Richtungen auf die Autobahn, in der Hoffnung, dass zumindest einer durchkommt.

Als dann endlich das erste ausgebaute Teilstück Anfang 2010 für den Verkehr freigegeben werden konnte, erlebten die Autofahrer eine weitere Überraschung. Nach wenigen Wochen schon konnte man beobachten, dass sich auf dem neu erbauten Teilstück die oberste Asphaltschicht „teils in Korngröße, teils in großen Stücken" ablöste. Als Verursacher des Problems wurde schließlich eine nicht weiter genannte Zulieferfirma identifiziert, die Material in schlechter Qualität geliefert habe. Dass dies gerade dann vorkommt, wenn man mit Macht die Kosten senken will, war dann weiter kein Thema.

Eine überraschende Wendung erlebte die Geschichte im Sommer 2017, als bekannt wurde, dass die Betreibergesellschaft A1 Mobil schon seit 2013 mit dem Bundesverkehrsministerium verhandelte. Offensichtlich waren die Einnahmen aus der LKW-Maut geringer, als dies von A1 Mobil prognostiziert worden war (dass Einnahmen von den privaten Partnern zu hoch angesetzt werden, hat auch schon der Bundesrechnungshof moniert, wir kommen gleich noch einmal darauf zurück). Als Grund wurde die Rezession des Jahres 2008 angegeben, auch wenn diese 2013 schon längst vorüber war. Doch nun sollte der Staat für die entgangenen Einnahmen geradestehen, und der Firma ihre Gewinne sichern. Als die Verhandlungen mit der Bundesregierung nichts brachten, reichte A1 Mobil 2017 Klage ein. Insgesamt forderte A1 Mobil knapp 800 Millionen Euro. Diese Summe umfasst nicht nur die erwarteten Einnahmeausfälle bis zum Ablauf der Konzession 2038 in Höhe von 640 Millionen Euro, sondern auch noch einen Inflationsausgleich sowie Beraterkosten. Der Ausbau der A1 wird allein mit diesen zusätzlichen Forderungen, die neben den Einnahmen aus der Maut erhoben werden, deutlich teurer als die 650 Millionen, die als Kosten veranschlagt worden waren. Als privatwirtschaftliches Unternehmen muss man schließlich seine Gewinne im Auge haben. Und wenn man sich verkalkuliert hat, dann soll der Staat doch biss dafür einstehen; schließlich leben wir im Kapitalismus.

Das Desaster mit dem Ausbau der A1 bildet keine Ausnahme bei den ÖPP-Projekten, wie andere Großprojekte wie „Herkules" oder „Toll Collect" belegen, bei denen sich die Privatwirtschaft so inkompetent zeigte, wie man dies in den altbekannten Stereotypen sonst nur von sesselfurzenden Beamten erwartet hätte.

Bei dem Projekt „Herkules" der Bundeswehr ging es darum, die IT-Infrastruktur der Bundeswehr auf den neusten Stand zu bringen. Um diese Herkulesarbeit zu erledigen, wurde Ende 2006 die BWI Informationstechnik GmbH gegründet, ein Konsortium aus dem Bund, Siemens und IBM. Die Industrie hielt an dem Konsortium eine Mehrheit von 50,1 Prozent, der Bund die restlichen 49,9 Prozent. Das Auftragsvolumen von ursprünglich 7,1 Milliarden Euro, was Herkules zum teuersten ÖPP-Projekt Europas machte, teilten sich Siemens und IBM im Verhältnis von 60 zu 40 Prozent. Im Rahmen des Projekts sollten bis Ende 2010 rund 300.000 neue Telefon, 140.000 neue Computer sowie ein schnelles Datennetz installiert werden.

Anfang 2010 zog das Verteidigungsministerium in einem vertraulichen Bericht jedoch eine negative Zwischenbilanz. In diesem Bericht war von „zahlreichen Pannen und Fehlfunktionen sowie sehr häufigen Ausfällen des gesamten IT-Netzes" die Rede. Mehr als die Hälfte der Befragten „stellte eine Verschlechterung beziehungsweise starke Verschlechterung" im Vergleich zum alten IT-System der Bundeswehr fest. Zudem stellte sich heraus, dass die Kosten des Projekts um etwa 640 Millionen Euro steigen würden – und man das Projekt wohl nicht wie geplant Ende 2010, sondern erst Anfang 2012 abschließen kann.

Ein interner Bericht des Verteidigungsministeriums resümierte das Projekt so: „94 Prozent der Dienststellenleitungen sind jetzt der Ansicht, dass die Bundeswehr die Leistungen genauso gut oder besser hätte erbringen können."

Ähnlich schlechte Schlagzeilen brachte ein weiteres ÖPP-Projekt, die LKW-Maut. Die Bundesregierung hatte sich hierfür ein System gewünscht, welches die tatsächlich gefahrenen Kilometer abrechnet.

Anfang der 2000er Jahre gab es eine Ausschreibung, an der sich die Privatwirtschaft beteiligen konnte. Als Gegenleistung für den Aufbau des satellitengestützten Mautsystems in Deutschland sollten die Betreiber zwölf Jahre lang etwa 650 Millionen Euro aus den Mauteinnahmen erhalten. Um diesen Auftrag bewarb sich auch ein Joint Venture aus der Deutschen Telekom, der damaligen DaimlerChrysler AG (je 45 Prozent) und der französischen Cofiroute (10 Prozent), die als Betreiber französischer Autobahnen als einziges Mitglied des Konsortiums überhaupt Know-how in diesem Bereich besaß. Diesem unter dem Namen „Toll Collect" firmierenden Joint Venture wurde im Sommer 2002 der Zuschlag gegeben.

Ursprünglich sollte das Mautsystem zum 31. August 2003 eingeführt werden, doch technische Probleme führten zu einer Verzögerung. Man warf den Chefs von Toll Collect vor, den wahren Zustand des Projekts durch beschönigende Aussagen verschleiert zu haben, und löste sie im Herbst 2003 ab. Die Nachfolger hielten jedoch auch nur bis zum Frühjahr 2004 durch. Bis dahin hatte Toll Collect noch keinen Cent eingesammelt. Erst zum 1. Januar 2005, 18 Monate später als geplant, konnte Toll Collect gestartet werden.

Der Bund machte daraufhin dem Betreiber gegenüber Schadensersatzforderungen für den verspäteten Start des Systems und die dadurch entgangenen Einnahmen geltend. Insgesamt fordert der Bund sieben Milliarden Euro inklusive Zinsen. Das Schiedsverfahren zwischen dem Bund und Toll Collect lief über zehn Jahre. Erst im Mai 2018 einigten sich die Vertragsparteien auf eine Zahlung in Höhe von 3,2 Milliarden Euro – noch nicht einmal die Hälfte der geforderten Summe. Allerdings ist der Staat wohl glücklich, überhaupt noch Geld zu bekommen.

Abbildung 20: ÖPP-Projekt wie Toll Collect sollen für einen effizienteren Ausbau der Infrastruktur sorgen. Doch tatsächlich sind sie zumeist ineffizient und teuer. Sie verschaffen den Betreibern jedoch ein angenehmes Monopol, mit dem sich in der Regel gut Geld verdienen lässt.

Der Vertrag zwischen Toll Collect und dem Bund läuft zum 1. September 2018 aus. Der Bund wird dann den Betrieb selber übernehmen und dann auch zum ersten Mal einen vollen Einblick in die Geschäftsunterlagen erhalten. Bisher musste er sich auf die Aussagen des Unternehmens verlassen.
Mit der Effizienz der Privatwirtschaft ist es nicht weit her. Dennoch finden ÖPP-Projekte immer mehr Anhänger. Und für die Wirtschaft lohnt es sich: Toll Collect hat ein Monopol auf die Maut der LKWs. Die Einnahmen für die nächsten Jahre sind garantiert, ebenso bei allen anderen ÖPP-Projekten. Wie viel genau die Firmen investieren mussten und wie viel genau sie bekommen, wie hoch also die Rendite letztlich ist, ist in den meisten Fällen nicht bekannt. Die ÖPP-Projekte, die mit öffentlichen Geldern finanziert werden, werden wie geheime Verschlusssachen behandelt, die Verträge kann man nicht so einfach einsehen, meistens ist es Dritten schlichtweg verboten, die Verträge zu sehen. Auch Abgeordneten der Parlamente wird der Zugriff meistens verwehrt – und wenn er dann doch gestattet wird, dann dürfen die Abgeordneten nicht darüber reden, was sie gelesen haben. Bei den ÖPP-Projekten

bekommen Firmen also ein Monopol, und der Bürger weiß noch nicht einmal, zu welchen Konditionen. Da ist es kein Wunder, dass ÖPP-Projekte in der Wirtschaft so beliebt sind, schließlich leben sie den Geist des Kapitalismus, während sie die lästige Marktwirtschaft ausschalten.

Der Bundesrechnungshof stellte in einem Bericht zu den „Öffentlichen Privaten Partnerschaften (ÖPP) im Bundesfernstraßenbau" aus dem Jahr 2009 das ganze Konzept in Frage. Am Beispiel des ÖPP-Modells, bei dem ein privates Unternehmen die Verpflichtung übernimmt, ein Teilstück einer Autobahn auszubauen und für eine bestimmte Zeit zu betreiben, wofür er einen Teil der Einnahmen aus der LKW-Maut erhält, warf der Bundesrechnungshof mehrere Fragen auf:

- So weichen die Prognosen des Bundes und der Privatfirma über die Einnahmen aus der LKW-Maut erheblich voneinander ab. In der Regel erwartet die Privatfirma 75 Prozent höhere Einnahmen als der Bund prognostiziert. Sollte sich die Prognose des Bundes bewahrheiten, dann müsste die Privatfirma in erhebliche finanzielle Schwierigkeiten kommen (wie es bei A1 Mobil dann auch geschah) – wobei völlig unklar ist, wer im Fall von Mängeln dann die Haftung übernimmt. Sollte sich die Prognose der Privatfirmen bewahrheiten, dann hätte der Bund deutlich mehr für das ÖPP-Projekt bezahlt, als wenn er das Projekt selber in Angriff genommen hätte.
- Auch fallen bei einem ÖPP-Projekt große Summen für Anwälte an. Allein die Vertragsverhandlungen zwischen Staat und Privatwirtschaft verursachen Kosten im Millionen Euro-Bereich.
- Ebenso sind die Finanzierungskosten eines Privatunternehmen höher als die des Staates – Banken gehen bei der Finanzierung der Privatwirtschaft von einem deutlich größeren Risiko der Insolvenz aus,

weshalb Privatfirmen einen deutlich höheren Zinssatz zahlen müssen.
- Zugleich sind die Einsparpotentiale nur gering, da die technische Realisierung im Straßenbau von technischen Normen und detaillierten Planfeststellungsbeschlüssen eingeengt ist. Gleiches gilt für den Betrieb. Wie bei höheren Kosten für die Privatwirtschaft und zugleich geringem Einsparungspotential das ÖPP-Projekt billiger sein soll als ein rein öffentliches Projekt, erschließt sich dem Bundesrechnungshof nicht.
- Er befürchtet deshalb, dass die Erhaltung der Straße vom Privatunternehmen nicht auf den gesamten Lebenszyklus, sondern nur im Hinblick auf die zeitlich befristete Vertragslaufzeit optimiert wird.

Öffentlich-Private Partnerschaften sind vor allem Partnerschaften, die einem Unternehmen der Privatwirtschaft ein Monopol für eine gewisse Zeit zusprechen. Vorteile für den Bürger gibt es bei diesem Monopol nicht, allein die Wirtschaft hat bei dieser Partnerschaft einen Vorteil; denn sie muss sich nicht mit Konkurrenz herumschlagen. Mit Zustimmung der Politik wird hier also die Marktwirtschaft außer Kraft gesetzt, und der Kapitalismus eingeführt. Da ist es kein Wunder, dass die Wirtschaft für die ÖPPs eine goldene Zukunft sieht.

Informationsasymmetrie

Die Ökonomie geht davon aus, dass alle Marktteilnehmer die gleichen Informationen über ein Produkt haben. Wäre dies nicht der Fall, dann könnte derjenige, der mehr Informationen besitzt, seinen Vorteil daraus ziehen, und den Preis zu seinen Gunsten manipulieren. Er könnte dem Markt seine Regeln aufzwingen und damit die Marktwirtschaft außer Kraft setzen. Wie dies aussehen könnte, kann man schon bei Thomas von Aquin nachlesen, der diese Geschichte von Cicero übernommen hatte. Die Geschichte handelt von einem Händler, der mit einem Wagen voller Weizen in eine Stadt fuhr, in der eine Hungersnot herrschte. Wie viel wären die Stadtbewohner wohl bereit, für den Weizen des Händlers zu bezahlen? Sicherlich einen hohen Preis, schließlich litten sie Hunger. Doch wie viel wären sie noch bereit zu bezahlen, wenn sie wüssten, dass diesem Händler noch hunderte weitere Händler folgen, deren Wägen auch voll mit Weizen beladen waren? Nun würde der Händler mit seinem Weizen wohl einen weniger hohen Preis erzielen können, schließlich müssten die Stadtbewohner nur kurz warten, um einem üppigen Angebot gegenüber zu stehen. Thomas von Aquin fragte sich, ob der Verkäufer moralisch verpflichtet sei, den Stadtbewohnern mitzuteilen, dass noch mehr Weizen auf dem Weg war, und so seine Chance zu begraben, mit seinem Weizen einen immensen Profit zu machen. Thomas von Aquin musste sich eingestehen, dass es diese Verpflichtung nicht gab. In heutigen Worten könnte man sagen, dass ein Kapitalist aus seinem Informationsvorsprung natürlich seinen Vorteil ziehen kann, nichts hält ihn davon ab.
Ein ähnliches Beispiel brachte der amerikanische Ökonom George Akerlof in seinem 1970 veröffentlichen Artikel „Market for Lemons". In diesem Artikel betrachtete Akerlof den Markt

für Gebrauchtwagen. Nehmen wir einmal an, dass auf einem Markt für Gebrauchtwagen genau die Hälfte der Wagen eine gute Qualität hat, die andere Hälfte hat eine schlechte Qualität (solche Schrottwagen werden im Amerikanischen als „Lemons" bezeichnet). Die guten Wagen seien nun 5000$ wert, die schlechten Autos haben gerade einmal Schrottwert. Die Verkäufer wissen nun, welche Wagen eigentlich Schrott sind, die Käufer hingegen haben keine Ahnung.

Bei einer 50/50 Chance, einen Schrottwagen zu erhalten, mag ein Käufer denken, dass ein Preis von 2500$ für den Gebrauchtwagen akzeptabel sei. Geht er nun von Händler zu Händler und bietet ihm 2500$ für seinen Wagen, dann wäre dies für jemanden, der einen Schrottwagen verkauft, ein gutes Geschäft. Ein Händler, der einen guten Wagen verkauft, würde einen solchen Preis jedoch nicht akzeptieren. Die Ökonomen gehen nun davon aus, dass der Kunde über den Preis die Information über die Qualität des Wagens erhält und damit die Spreu vom Weizen trennen kann. Er muss nur von Händler zu Händler gehen und sehen, ob dieser bereit ist, die 2500$ zu akzeptieren. Diesen Händler kann er dann als Betrüger entlarven und aussortieren.

Doch unsere Welt ist leider nicht ideal. Denn würde ein Verkäufer von Schrottwagen einen Preis von 2500$ akzeptieren, dann würde er ja zugeben, dass sein Wagen nicht die Qualität hat, mit der er ihn anpreist. Der Betrüger wird wie der ehrliche Händler auf einen Preis von 5000$ bestehen, um sich nicht als Betrüger zu entlarven.

Der Kunde hat somit keine Möglichkeit, einen guten von einem schlechten Wagen zu unterscheiden. Doch bei einem fünfzigprozentigen Risiko, einen Schrottwagen zu erwerben, kauft er lieber gar keinen Wagen. Es kommt zu keinem Handel, Angebot und Nachfrage kommen in kein Gleichgewicht, der Marktpreis für ein Produkt wird nicht ermittelt – und der Markt versagt. Im Fall der asymmetrischen Information existiert kein Markt.

Abbildung 21: Ohne die Information, welcher Wagen gut erhalten ist, kommt es zu keinem Handel. Der Markt versagt im Fall der asymmetrischen Information.

Ein genau gegensätzlich gelagertes Beispiel bietet der Markt für private Krankenversicherungen. Hier hat in der Regel nicht der Anbieter eines Produktes den Informationsvorsprung, sondern der Kunde; denn nur der Kunde weiß, wie krank er wirklich ist. In der Folge werden kränkelnde Kunden eher eine Krankenversicherung abschließen als diejenigen, die sich sehr gesund fühlen. Die Kosten der Versicherung steigen – und die Gesünderen kündigen die teure Versicherung oder suchen sich einen günstigeren Tarif. Im Extremfall bleiben nur die wirklich Kranken in der privaten Krankenversicherung, und die Versicherung wird unbezahlbar.

Um dies zu verhindern, versuchen die Versicherungen so viel wie möglich über ihre potentiellen Kunden zu erfahren, um die auszusondern (oder mehr Geld von ihnen zu verlangen), die potentiell hohe Kosten verursachen könnten, weil sie zu krank sind, zu ungesund leben oder aus einer Familie kommen, in der bestimmte Krankheiten häufig vorkommen.

Diese ganzen zusätzlichen Untersuchungen erhöhen den Verwaltungsaufwand der privaten Krankenversicherung jedoch deutlich. Er liegt etwa dreimal so hoch wie der Verwaltungsaufwand der öffentlichen Krankenversicherung (15 Prozent statt etwa 5 Prozent), die einfach jeden Patienten aufnehmen muss – und der auch jeder (bis zu einem bestimmten Einkommen) beitreten muss. Die private Krankenversicherung ist damit deutlich ineffizienter als die öffentliche – obwohl private Unternehmen, die am Markt agieren, doch effizienter sein sollen als staatliche Institutionen. Doch ein Markt, in dem starke Informationsasymmetrie herrscht, kann nicht effizient sein. Dies ist die Kernaussage der Arbeiten des amerikanischen Ökonom Joseph Stiglitz, die ihm den Nobelpreis einbrachte.

Die Ökonomen gehen davon aus, dass alle Marktteilnehmer alle Informationen besitzen, denn nur so kann ein Markt funktionieren. Stiglitz zeigte, dass dies jedoch nur selten der Fall ist; denn derjenige, der exklusive Informationen besitzt, hat in der Regel auch Ressourcen dafür aufgewandt, um diese Informationen zu erwerben. Er wird nun nicht bereit sein, diese Informationen kostenlos mit allen Marktteilnehmern zu teilen, einmal abgesehen davon, dass er natürlich die Gelegenheit sieht, einen großen Profit aus seinem Wissensvorsprung zu ziehen.

Liegt aber eine asymmetrische Information vor, dann kann kein fairer Preis ermittelt werden. Der Markt versagt. Und dieses Marktversagen kommt deutlich häufiger vor, als man meinen könnte, wenn man nur darauf schaut, wie oft dieses Thema in der ökonomischen Diskussion angesprochen wird; dann könnte man schon den Eindruck gewinnen, dass es sich bei der Informationsasymmetrie um ein sehr exotisches Ereignis handelt.

Dabei erleben wir gerade im Zeitalter der Internet-Giganten wie Google, Facebook und Amazon, die alle möglichen Daten sammeln und deshalb einen Nutzer manchmal besser kennen als der Ehepartner, wie das Thema asymmetrische Information ganz neue Dimensionen erreicht.

Diese Informationsasymmetrie führt dann dazu, dass die Marktwirtschaft dem Kapitalismus weicht. Ein versagender Markt ist genau das, was der Kapitalist sich wünscht, um seine Gewinne zu maximieren. Und da es zumeist der Kapitalist ist, der den Informationsvorsprung hat, liegt es zumeist in seiner Hand, wie er mit dem Markt umgeht. In einigen wenige Fällen, wie im Fall der privaten Krankenversicherung, liegt der Informationsvorsprung zwar bei den Kunden, doch der Kapitalist hat die Möglichkeit, die Informationsasymmetrie auszugleichen bzw. das dadurch entstehende Risiko abzufedern. Der Kunde hat diese Möglichkeit hingegen kaum.

Eine Informationsasymmetrie liefert dem Markt also dem Kapitalisten aus. Und der geht damit in der Regel nicht zimperlich um. Schließlich hat er ein großes Interesse daran, dass die Informationen möglichst asymmetrisch zu seinem Vorteil verteilt sind, weshalb er die Informationsasymmetrie fördert, wo er nur kann. Einige wenige Beispiele, die bei weitem keinen Anspruch auf Vollständigkeit erheben, sollen dies verdeutlichen.

Beispiele aus der Lebensmittelindustrie

Die Industrie ist verpflichtet, auf verarbeiteten Lebensmittel anzugeben, welche Inhaltsstoffe in dem Produkt enthalten sind. Allerdings lesen wir auf kaum einem Produkt, dass es künstliche Aromen enthalte, denn künstliche Aromen wollen wir nicht in unseren Lebensmitteln haben, das erinnert uns an Chemie, die nichts im Essen zu suchen hat. Aber wir finden auf vielen Produkten, dass sie natürliche Aromen enthalte. Und so denken wir bei einem Erdbeerjoghurt, dass das Erdbeeraroma von

Erdbeeren kommen. Doch tatsächlich wird es aus Sägespänen hergestellt. Manche Schimmelpilze liefern dann Aromen wie Kokos, die wir in unseren Lebensmitteln finden. Die Aromen wurden zwar natürlich hergestellt, sie stammen jedoch nicht von dem Lebensmittel, das wir damit verbinden. Der Kunde wird so in die Irre geführt.

Dann achten wir bei unserer Nahrung auch darauf, dass sie nicht zu viel Zucker enthält. Denn wir alle wissen, dass Zucker ungesund ist. Er macht uns dick und fett und sorgt dafür, dass unser Herz-Kreislaufsystem krank wird. Etwas Zucker ist gut für den Geschmack, doch zu viel Zucker ist sicherlich ungesund. Die Industrie nimmt auf diese Befürchtungen natürlich Rücksicht. Allerdings nicht, indem sie den Zuckergehalt senkt, sondern indem sie Zucker anders benennt, so dass uns nicht unangenehm auffällt, wie viel Zucker ein Produkt eigentlich enthält. Einige Namen, hinter denen sich tatsächlich Zucker verbirgt, sind: Saccharose, Dextrose, Raffinose, Glukose, Fruktosesirup oder Fruktose-Glukose-Sirup, Glukosesirup, Glukose-Fructose-Sirup oder Stärkesirup, Karamellsirup, Laktose, Maltose oder Malzextrakt, Maltodextrin, Dextrin oder Weizendextrin, Süßmolkenpulver oder Gerstenmalz/Gerstenmalzextrakt. Der Fantasie der Industrie sind hier keine Grenzen gesetzt.

Doch wenn wir nun dem Zucker ausweichen wollen, dann ist das auch nicht so einfach – und auch nicht unbedingt gesund. Wir können natürlich Lebensmittel essen, die mit Süßstoffen gesüßt sind. Diese enthalten sicherlich keine Kalorien. Doch nimmt der Körper Süßstoffe auf, dann registriert er „Süße" und stellt Insulin bereit, um den Zucker abzubauen. Der bleibt dann aber bei dieser Ernährung aus, weshalb sich das Insulin eine andere Beschäftigung sucht und den Blutzuckerspiegel abbaut, so dass man wieder hungrig wird. Dank des Süßstoffes isst man also mehr, als wenn man eine gezuckerte Nahrung zu sich genommen hätte. Deshalb werden Süßstoffe auch so gerne bei der Ferkelmast eingesetzt. Man braucht sich auch nur umzusehen: Je mehr der Schlankheitswahn uns dazu bringt,

Abbildung 22: Zucker ist ungesund. Deshalb meiden wir Zucker in unseren Lebensmitteln. Die Industrie nimmt drauf Rücksicht, und verwendet für den Zucker in ihren Lebensmitteln zahlreiche andere Namen.

„Light"-Produkte zu konsumieren, die mit Süßstoffen gesüßt sind, desto fetter werden wir.

Ein anderer kritischer Inhaltsstoff ist das Glutamat. Dieses möchten wir auch nicht in unserem Essen haben, da es möglicherweise gesundheitliche Schäden, z.B. an der Leber, verursachen kann. Die Industrie nimmt Rücksicht auf diese Ängste der Konsumenten, jedenfalls auf ihre Art. Sie ersetzt Glutamat durch Hefeextrakt, also abgestorbene oder aufgelöste Hefezellen. Praktischerweise enthalten diese nämlich auch Glutamat, so dass in der industriellen Fertigung kein Unterschied zwischen Hefeextrakt und Glutamat besteht. Nur liegt das Glutamat im Hefeextrakt aber nicht in reiner Form vor, weshalb es nicht als Inhaltsstoff deklariert werden muss.

Generell würden wir gerne wissen, wie gesund oder ungesund die Lebensmittel sind, die wir jeden Tag verzehren. Eine einfache Methode, auch Nicht-Experten diese Information zu geben, bestände in einer Lebensmittelampel: Ein grünes Licht steht für ein gesundes Lebensmittel, ein rotes für ein ungesundes, welches wir dann entsprechend selten konsumieren sollten. Doch die Industrie wehrt sich seit Jahren mit Händen und Füßen gegen die Einführung einer Lebensmittelampel. Diese sei, so behauptet sie, zu stark vereinfachend und damit irreführend. Lieber bietet sie an, die Inhaltsstoffe vollständig aufzulisten. Diese sind dann jedoch nicht nur kleingedruckt, so dass kaum einer sie liest, sondern sie enthalten auch, wie am Beispiel des Zuckers gezeigt, viele irreführende Begriffe, die sicherlich nicht zur Klarheit beitragen. Aber genau das möchte die Industrie ja auch nicht. Sie will keine Marktwirtschaft, sie will Kapitalismus, und so verwirrt sie die Verbraucher lieber, sorgt für Informationsasymmetrie und hat den Markt ausgeschaltet.

Um die Kunden in die Irre zu führen, ist es bei der Industrie auch beliebt, durch geschickte Wahl der Produktnamen einen Inhalt zu suggerieren, den die Produkte gar nicht aufweisen. Ein Beispiel sind die „Mini Keks Bolde Schoko" der Firma Delacre, die nach Untersuchungen der Verbraucherzentrale Hamburg aus dem Juli 2009 keine Schokoladenfüllung im Keks aufweisen, wie es der Name implizieren würde, sondern nur eine Kakaocremefüllung aus billigem Schokoladenimitat. Ebenso besteht das Produkt „Fol Epi Nuss" der Fromageries Rambol, das wie ein Käse aussieht, nur zu 65 Prozent aus Käse, der Rest sind Zusatzstoffe und Aromen. Die Firma Buitoni bezeichnet ihr Produkt „Pesto Basilico" zwar als Pesto, doch enthält es die typischen Zutaten eines Pestos wie Olivenöl, Pinienkerne und Pecorino-Käse nur in Spuren, während billiges Sonnenblumenöl, Cashewkernpulver und kostengünstiger Hartkäse mit Hilfe von Aromen so aufgepeppt werden, dass das Zeug wie ein original italienisches Pesto schmeckt.

Ein weiterer Trick der Industrie sind die sogenannten Mogelpackungen. Große Kekspackungen, die tatsächlich nur zur Hälfte mit Keksen gefüllt sind, oder große Creme-Dosen, die mehr als ein Drittel Luft enthalten. Alle diese Verpackungen sollen dem Kunden suggerieren, dass er eine große Menge von dem Produkt kauft, doch tatsächlich ist das meiste Luft.
Eine Variante der Mogelpackung ist das Schrumpfvolumen. Die Füllmenge – und manchmal auch die Packungsgröße – nimmt alle paar Jahre ein bisschen ab, doch der Preis bliebt gleich. So enthielt ein Packung Chocolait Chips im Jahr 2010 noch 147g, schrumpfte dann auf 135g, später auf 125g und im Jahr 2017 sind es nur noch 115 g. Der Preis blieb mit 1,99 Euro pro Packung scheinbar identisch. Tatsächlich stieg er in nur sieben Jahren um 28 Prozent!
Ob Schokolade, Waschmittel, Müeslis, Margarinen oder Windeln: Dieser Trick wird von der Industrie gerne angewandt. Eine Preiserhöhung kann so versteckt in den Markt gebracht werden, die Kunden registrieren oft gar nicht, dass sich die Füllmenge geändert hat, weil die Änderungen durch eine neue, bunte Verpackung kaschiert werden – oder man auch schon einmal die alte Packung einfach weiter verwendet und nur etwas mehr Luft mit einfüllt.
Wenn es darum geht den Kunden zu täuschen, ist die Industrie sehr fantasievoll. Doch diese Lügen, diese asymmetrischen Informationen (der Produzent kennt die Wahrheit, der Kunde nur die Lügen) sorgen dafür, dass der Kunde keinen realistischen Preis formulieren kann. Der Markt versagt, die Marktwirtschaft kommt zum Erliegen. Der Kapitalismus hat gewonnen.

Beispiele aus der Technik

Wenn wir unser Geld für ein Produkt ausgeben, dann wollen wir auch wissen, was wir kaufen. Doch viele Unternehmen mogeln sich mit unklaren Definitionen aus der Verantwortung. Ein Beispiel sind die Übertragungen des Internets, die immer mit „bis zu" angegeben werden. Wenn wir eine 100 Mbit-Leitung kaufen, dann können wir Glück haben, dass die Geschwindigkeit tatsächlich einmal 100 Mbit pro Sekunde beträgt, doch zumeist liegt sie darunter, was allerdings der Aussage „bis zu 100 Mbit" entspricht; denn das umfasst alles, was unter 100 Mbit liegt. Wie weit sie darunter liegt, das ist dann nicht mehr wirklich von Interesse. Die Unternehmen wollen uns die großen Geschwindigkeiten schmackhaft machen und nicht mit den Details irritieren, dass diese nur selten erreicht werden.
Besonders schlimm ist die Diskrepanz bei LTE Leitungen. Hier hängt die Übertragungsrate noch stärker als beim Kabel davon ab, wie viele Leute gleichzeitig auf das Internet zugreifen wollen. Da schmilzt die tatsächliche Datenrate schon einmal auf wenige Prozent der scheinbar versprochenen Datenrate zusammen.
Oft interessiert uns nicht nur, wie teuer ein Produkt ist und was es leistet, sondern auch, wie teuer uns sein Unterhalt kommt. Wie viel verbraucht mein Wagen denn auf 100 Kilometern? Nominell sinken die Verbräuche unserer PKWs mit jeder Produktgeneration. Doch tatsächlich bleiben die Verbräuche auf der Straße nahezu unverändert. Was abnimmt, das sind die Werte im Labor. Im Jahr 2000 betrug die Diskrepanz zwischen den Laborwerten und den auf der Straße gemessenen Werten nur 15 Prozent. Im Jahr 2010 waren es schon 23 Prozent. Und bei Fahrzeugen, die 2016 zugelassen wurden, betrug diese Diskrepanz dann schon 42 Prozent! Es gelingt den Autoherstellern also offensichtlich immer besser, bei den Messungen zu tricksen.

Das zeigte sich vor allem bei Dieselfahrzeugen. Im Jahr 2015 kam heraus, dass VW eine unerlaubte Abschaltvorrichtung eingebaut hatte, die die Abgasreinigung vor allem für die giftigen Stickoxide auf dem Prüfstand einschaltete, auf der Straße dann jedoch ausschaltete. Bei den nachfolgenden Untersuchungen anderer Hersteller stellte sich heraus, dass praktisch alle untersuchten Modelle auf der Straße das drei-, fünf- oder zehnfache an giftigen Stickoxiden von dem ausstießen, was gesetzlich erlaubt war und was sie auch auf dem Prüfstand gezeigt hatten. Nur ganz wenige Modelle waren auch auf der Straße sauber. Der Trick war: Die meiste Autohersteller nutzten eine Ausnahme der Verordnung zur Abgasreinigung. Diese sah vor, dass die Abgasreinigung in Ausnahmefällen ausgeschaltet werden kann, um den Motor zu schonen. Die meisten Autohersteller interpretierten dies dahingehend, dass sie die Abgasreinigung bei Temperaturen unter 17°C, spätestens aber unter 10°C ausschalteten. Die Messung auf dem Prüfstand findet bei Temperaturen über 20°C statt. Nur zum Vergleich: Die jährliche Durchschnittstemperatur in Deutschland liegt bei etwas unter 10°C. Die Autos befanden sich also auf der Straße permanent im Ausnahmezustand.

Die Autohersteller, unterstutzt vom Bundesverkehrsministerium, redeten sich damit heraus, dass die Ausnahmesituation in der EU-Verordnung nicht genau geregelt sei. So könne es auch schon einmal vorkommen, dass eine Ausnahmesituation bei fast allen Fahrten auftrete.

Die ARD wies in einer Reportage zu diesem Thema jedoch nach, dass nach einer weiteren EU-Verordnung die Abgasreinigung bei Temperaturen bis hinunter zu -15°C funktionieren müsse. Auf Anfrage beim Bundesverkehrsministerium meinte dieses nur, dass die Funktionalität bei -15°C gegeben sein müssen und bei der Typenzulassung auch überprüft wurde. Aber das bedeutet schließlich nicht, dass sie beim alltäglichen Betrieb auch bei diesen Temperaturen tatsächlich eingeschaltet sein muss.

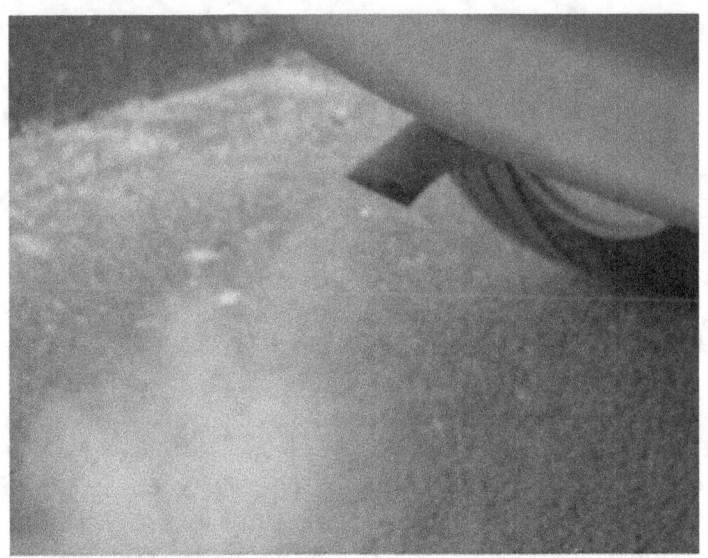

Abbildung 23: Unsere Autos wurden in den letzten Jahren scheinbar immer sparsamer und sauberer. Tatsächlich hat die Industrie nur besser gelogen.

Schlimm ist hier nicht nur, wie die Unternehmen versuchen, ihre Kunden zu betrügen, sondern dass das Verkehrsministerium, welches schließlich die Interessen der Bürger vertreten soll, sich nicht zu schade ist, die Betrüger auch noch in Schutz zu nehmen.

Aber nicht nur beim Deutschen liebstes Kind, dem Auto, wird betrogen, sondern auch bei anderen Produkten. So zeigte eine Untersuchung, dass die Verbrauchswerte jedes fünften Elektrogeräts zu gering angegeben werden. Der Verbrauch ist in Realität bis zu dreißig Prozent höher. Den Verbrauchern in den EU entstehen so jedes Jahr Mehrkosten beim Strom in Höhe von 10 Milliarden Euro.

Die Hersteller wissen natürlich, wie sie tricksen, der Kunde hat hingegen in der Regel keine Möglichkeit, diese Betrügereien aufzudecken. Dies ist wieder ein klassischer Fall von Informationsasymmetrie und Marktversagen.

Beispiele aus der Finanzwirtschaft

Die Finanzwirtschaft bietet ebenfalls mehrere Beispiele für Informationsasymmetrie. Eins ist der Handel mit Aktien. Dieser dient in Lehrbüchern als Beispiel für einen freien Markt. Die Börsenhändler erhalten alle Informationen und können dann den Preis der Aktie festlegen. Deshalb sind Firmen ja auch verpflichtet, kursrelevante Informationen sofort zu veröffentlichen. Doch auch der Leitzins der Zentralbanken, die Entwicklung am Arbeitsmarkt oder politische Entscheidungen haben Einfluss auf den Aktienkurs. Wer besser vernetzt ist und schnelleren Zugriff auf die Informationen hat, hat einen Informationsvorsprung. Und professionelle Datenanbieter erlauben es, gegen eine hohe Gebühr, diese Informationen einige Sekunden früher zu erhalten als alle anderen. Dieser Vorsprung kann dann schon über Millionengewinne entscheiden.

Manchmal reichen auch Sekundenbruchteile, um über Millionengewinne zu entscheiden. Der Aktienkurs eines Unternehmens schwankt jeden Tag ein bisschen. Derjenige, der die Schwankungen ein bisschen früher mitbekommt, hat hier einen Handelsvorteil. Er kann im Tausendstel einer Sekunde vor allen anderen Entscheidungen zum Kauf oder Verkauf einer Aktie treffen. Teilweise geht es dabei um noch kürzere Zeiten in diesem Hochgeschwindigkeitshandel, der über Gewinn und Verlust entscheiden. So lassen große Aktienhändler ihre Computer schon in den Räumen der Börse aufbauen, um den Zeitverlust vom Bruchteil einer Millisekunde zu vermeiden, der entsteht, wenn die Informationen über die Datenleitungen wandern, um ans andere Ende der Stadt zu gelangen. Dieser Hochgeschwindigkeitshandel, der den Informationsvorsprung von Bruchteilen einer Sekunde ausnutzt, sorgt bei professionellen Händler jedes Jahr für Milliardengewinne. Der Grund für diese Gewinne ist also kein besseres wirtschaftliches Gespür oder ein besseres Angebot, sondern einfach nur ein Informationsvorsprung, also asymmetrische Information. Wer es sich leisten kann, hebelt den Markt einfach aus.

Doch wir müssen nicht erst in den Bereich der Hochtechnologie gehen, um Beispiele für Informationsasymmetrie zu finden. Wenn wir etwas Geld gespart haben, dann wünschen wir uns natürlich auch, dass wir darauf Zinsen erhalten. Nur wie sollte man das Geld am besten anlegen? Sollte man es auf dem Sparbuch lassen, sollte man Aktien kaufen, oder Aktienfonds? Sollte man in Immobilien investieren, und wenn, dann lieber über den direkten Erwerb einer Immobilie oder mit Hilfe von Immobilienfonds? Sollte man irgendwelche Anlagen kaufen?

Die Möglichkeiten, sein Geld anzulegen, sind vielfältig. Leider sind auch die Möglichkeiten groß, sein Geld bei diesen Anlagen zu verlieren. Deshalb braucht man Berater, die sich auf dem Markt der Finanzprodukte auskennen. Und wer sollte das anders sein, als der Berater einer Bank? Eine Bank macht schließlich nichts anderes, als Geld anzulegen und damit Geld zu verdienen. Leider verdient eine Bank auch Geld mit dem Geld ihrer Kunden.

Es kommt trotz aller Regeln, die der Gesetzgeber inzwischen erlassen hat, um die Kunden vor Falschberatungen in einer Bank zu schützen, immer noch zu Falschberatungen. Viele Berater versuchen nicht, zu ermitteln, was für den Kunden mit seinen Zielen die beste Anlage wäre, sondern sie interessiert nur, mit welcher Anlage sie die höchste Provision erzielen können. Eigentlich müssen Bankberater ihren Kunden mitteilen, welche Provision sie für ein bestimmtes Anlageprodukt kassieren (bzw. ihre Bank), doch diese Information wird leider viel zu oft vergessen, so wie auch Versicherungen „vergessen", ihre Kunden darüber zu informieren, wie hoch eigentlich die Nebenkosten bei einer Lebensversicherung oder anderen Produkten sind.

Bei der Bewerbung ihrer Produkte sind die „Berater" auch nicht zimperlich. So wurden Asset Back Securities (ABS) – hinter denen sich die Hypotheken der amerikanischen Häusle-Bauer verbargen – schon einmal als Tagesgeldersatz beworben. Nur ist das Tagesgeld bis zu einer Einlage von 100.000 Euro staatlich garantiert, bei einigen Banken sogar höher. Papiere wie die ABS hingegen werden nicht garantiert. Der Kunde kann hier alles verlieren.

Wenn man eine sichere Geldanlage haben wollte, dann wurden auch Anlagen der Bank Lehman Brothers verkauft. Diese Anlagen hatten wohlklingende Namen wie „Capital Protected Coupon Certificate", was Sicherheit suggerierte. Als die Bank Pleite ging, waren die Anlage wertlos, das gesamte Ersparte war verloren.

Ein besonders perfides Geschäft leisteten sich einige Banken in Deutschland bis vor einigen Jahren. Vermittler verkauften Wohnungen, doch die Preise für diese Immobilien waren hoffnungslos übertuert, weil die Vermittler selber eine exorbitant hohe Provision einstrichen, teilweise bis zu 40 Prozent des Kaufpreises. Die Vermittler warben damit, dass man die Wohnungen gut vermieten könnte und die Kredite und Zinsen mit den Miteinnahmen abbezahlen könne. Die Vermittler hatten auch direkt eine Bank an der Hand, die einen Kredit auf die Wohnung geben würde. In vielen tausend Fällen war dies die Deutsche Bank. Die Vermittler warben sogar damit, dass die Deutsche Bank die Wohnungen geprüft habe, sonst wäre sie ja auch nicht bereit, den Wohnungskauf mit einem Kredit zu finanzieren. Als sich dann herausstellte, dass die Mieteinnahmen viel geringer waren als prognostiziert, kamen die Käufer in finanzielle Probleme. Für die Deutsche Bank kein Problem: Sie forderte weiter die Zahlung der Kredite. Mit den betrügerischen Vermittlern hatte sie ja nichts zu tun. Nur zeigten Recherchen z.B. vom ARD-Magazin „Report Mainz", dass die Deutsche Bank sehr wohl mit den

Vermittlern unter einer Decke steckte. Die Preise für die Wohnungen wie auch die viel zu hohen Provisionen waren mit den Vermittlern abgesprochen, die sorgten im Gegenzug dafür, dass die Käufer ihre Kredite bei der Deutschen Bank nahmen. Von diesen Mauscheleien wusste der Kunde natürlich nichts.
Ähnliche Kundenbetrügereien gab es auch von anderen Banken. Doch die Deutsche Bank, die bei praktisch jedem Bankenskandal der letzten Jahre, von Hypothekenbetrug bis Libor-Manipulation, dabei gewesen war, zeigte sich den Kreditnehmern gegenüber besonders unnachgiebig. Doch was will man gegen die Deutsche Bank auch tun? Sie gilt als systemrelevant, sie kann den Markt aushebeln und ihm ihre eigenen Regeln vorschreiben. Sie lebt den Kapitalismus, obwohl wir eigentlich in der Marktwirtschaft leben wollen.

Beispiele aus der Werbung

Werbung ist eigentlich überflüssig. Die Ökonomie lehrt uns, dass die Marktteilnehmer völlig rational handeln, dass ihnen auch alle Informationen über ein Produkt vorliegen und sie deshalb den Preis optimal und effizient einschätzen können. Wir können durch Werbung also gar nicht in unserem Kaufverhalten beeinflusst werden.
Die Tatsache, dass dennoch Firmen weltweit Milliarden für Werbung ausgeben, lehrt uns, dass die Ökonomen mit ihrer Einschätzung der geistigen Verfassung der Marktteilnehmer vielleicht nicht ganz richtig liegen.
Werbung soll natürlich erst einmal ein Produkt bekannt machen. Niemand käme auf die Idee, ein Waschmittel einer bestimmten Marke zu kaufen, eine CD eines Künstlers oder einen Fernseher eines bestimmten Herstellers, wenn er nicht wüsste, dass es dieses Produkt gibt. Doch leider hört Werbung damit nicht auf. Sie versucht uns, dieses Produkt schmackhaft

zu machen, sie versucht uns zu zeigen, dass dieses Produkt Vorteile gegenüber den Produkten der Konkurrenz hat, weshalb es doch sinnvoller sei, dieses Produkt zu kaufen und nicht das der Konkurrenz. Nur leider ist die Werbung dabei nicht immer ganz ehrlich.

So werden Produkte mit Vorteilen beworben, die sie nicht immer haben (man denke nur an den schon besprochenen Verbrauch der Autos), und die Nachteile finden noch nicht einmal im Kleingedruckten Erwähnung. Besonders häufig findet man dies bei Lebensmitteln für Kindern, bei denen die Werbung groß herausstellt, dass diese Nahrung Vitamine enthält und Spurenelemente und so wertvoll sei wie ein Glas Milch, dabei wird jedoch verheimlicht, dass sie zugleich so viel Zucker enthält wie zwei Gläser Cola.

Oder man wirbt auf Produkten mit Inhaltsstoffen aus kontrolliertem Anbau. Viele Kunden setzen dies mit kontrolliert biologischem Anbau gleich, doch das ist nicht der Fall. Beim kontrollierten Anbau wird nur protokolliert, wie viele Gifte auf dem Feld eingesetzt werden. Es bedeutet nicht, dass keine Gifte eingesetzt werden.

Manch ein Unternehmen wirbt auch mit Bildern von Inhaltsstoffen oder Früchten auf seiner Verpackung, obwohl diese Stoffe gar nicht in dem Produkt enthalten sind, sondern nur Aromen. So wurde dem Unternehmen Teekanne im Jahr 2015 vom Europäischen Gerichtshof untersagt, mit den tatsächlich nicht vorhandenen Zutaten Himbeere und Vanille für eine seiner Teesorten zu werben.

Die Barclays Bank warb für eine Kreditkarte mit dem Versprechen, dass bei Bargeldabhebungen keine Gebühren anfielen. Erst im Kleingedruckten konnte man lesen, dass dies nur für die Eurozone galt. Das Hamburger Oberlandesgericht untersagte diese Werbung Anfang 2017 als irreführend.

Viele Möbelunternehmen, darunter auch das Unternehmen Roller, wie das Landgericht Essen in einem Fall feststellte, bewerben ihre Sonderangebote mit Vergleichspreisen. Nur sind das reine Fantasiepreise. Nach geltendem Recht müssten die

Preise ausgewiesen werden, zu denen das Produkt vor dem Sonderangebot angeboten worden war. Stattdessen werden einfach irgendwelche Vergleichspreise ersonnen, die das Sonderangebot dann besonders attraktiv erscheinen lassen.

Das NDR-Verbrauchermagazin „Markt" sah sich im Jahr 2014 ein weiteres Produkt in Möbelmärkten an: Töpfe und Pfannen. Besonders fielen hier Produkte der Firma WMF auf, die in den Möbelmärkten zu großen Rabatten verkauft wurden. Doch diese Produkte wurden nur in Möbelhäusern verkauft – und sie waren nie zu dem Preis angeboten, der als Vergleichspreis ausgeschrieben war. Auch hier wurde getrickst, um den Verbraucher durch einen unredlichen Preisvergleich zu täuschen.

Ebenso versuchen Verkäufer Druck auf den Kunden auszuüben, etwa indem sie vorgeben, das Produkt sei fast ausverkauft, und wenn er es jetzt nicht kaufe, dann könne es in ein paar Minuten schon zu spät sein. Das NDR-Magazin „Markt" beobachtete dies im Jahr 2015 beim Internethändler Zalando, bei dem tatsächlich noch mehr Stücke eines Produkts vorhanden waren, als der Internethändler angegeben hatte. Damit wurde ein hoher Druck auf die Kunden ausgeübt, das Produkt schnell zu kaufen, bevor es weg ist.

Ein ähnliches Problem monierte die EU-Kommission Anfang 2017 auch bei Reiseportalen, die mit Kommentaren wie „nur noch zwei Zimmer vorhanden" den Eindruck erwecken, man müsse sich beeilen, obwohl das Hotel noch lange nicht ausgebucht ist. Zudem informierten von den 352 untersuchten Reiseportalen 235 nicht zuverlässig über den endgültigen Preis, und rund ein Fünftel der Portale warb mit Angeboten, die es tatsächlich gar nicht gab.

Und manchmal ist Werbung als solche gar nicht mehr zu erkennen. Gerade auf Youtube gibt es heute viele „Influencer", also Beeinflusser, die in ihrem Video von einem Produkt schwärmen oder es wie zufällig dabei haben, ohne zu erwähnen, dass sie von den Unternehmen bezahlt wurden, dafür Werbung zu machen. Natürlich ist eine solche heimliche Werbung verboten, der Kunde soll wissen, dass er beeinflusst wird. Doch der rechtliche Nachweis ist oftmals schwierig – und in der Zwischenzeit profitieren die Influencer und die Unternehmen von dieser Grauzone, die es erlaubt, dem Kunden wichtige Informationen vorzuenthalten und den Markt zu zerstören.

Beispiele aus dem Internet

Eine große Unbekannte ist, was Firmen alles über uns wissen, insbesondere diese, die grundlegende Dienstleistungen im Internet bereitstellen. Wenn wir zum Beispiel Google oder Facebook benutzen, dann bietet man uns zwar an, die Allgemeinen Geschäftsbedingungen zu lesen, doch tatsächlich macht das keiner von uns. Zum einen sind sie viel zu lang und unverständlich, und außerdem gilt: Welche Wahl hätten wir auch? Wenn wir nicht einen der Marktführer benutzen, dann besteht die Gefahr, ausgegrenzt zu werden. Auch wenn uns die Allgemeinen Geschäftsbedingungen nicht gefallen, so müssen wir sie doch akzeptieren. Und so kommt es, dass die Internetdienste sich herausnehmen, praktisch alle Informationen über uns zu sammeln. Dazu gehören nicht nur die Informationen, wer wir sind, sondern auch, was uns gefällt, an welchen Orten wir uns aufhalten, und welche anderen Seiten wir im Internet besuchen. Die Firmen legen ein umfassendes Profil über uns an und lassen uns nicht aus den Augen. Mit den Ortsinformationen, die Google anlegt, wenn man ein Android-Smartphone benutzt, kann man fast sekundengenau verfolgen, wo sich jemand aufhält. Und die Internetkonzerne vergessen nichts.
Der Österreicher Max Schrems wollte einmal wissen, was Facebook so alles über ihn gespeichert hat, schließlich nutzte er das Netzwerk schon seit ein paar Jahren. Einige Gerichtsverfahren später lieferte Facebook die Informationen

Abbildung 24: Mit den Smartphones (hier die Android-Oberfläche) tragen wir täglich Wanzen mit uns herum, die unser Verhalten für Firmen wie Google oder Apple und viele weitere ausspionieren. Dabei wissen wir zumeist nicht, welche Daten wirklich gesammelt werden, und was die Firmen über uns wissen.

endlich aus. Sie umfassten mehr als 1200 Seiten und enthielten neben dem, was Schrems geschrieben hatte, auch Texte, die Schrems gelöscht hatte, sowie Metadaten, also Informationen darüber, wann er etwas wo geschrieben hatte.

Die Datensammelwut der Internetkonzerne ist immens, und mit intelligenten Lautsprechern und sprechenden Smartphones dringen sie immer weiter in unsere Privatsphäre ein. Dabei gibt es nicht nur ein paar große Firmen, die uns ausforschen, sondern zahllose kleine Firmen sammeln über Apps und andere Möglichkeiten auch fleißig Daten über uns, zumeist ohne, dass es uns bewusst wird. So ergab eine Studie aus dem Jahr 2017, dass über 300 Apps private Daten wie Standortdaten und Nutzerdaten auslesen und an die Server der Hersteller schicken, auch wenn diese Informationen für den Betrieb der App gar nicht benötigt werden. Was dann mit den Daten geschieht, weiß niemand.

Zwar haben wir mit der Datenschutz-Grundverordnung (DSGVO) nun das Recht, diese Informationen zu erhalten. Doch manch eine Firma agiert hier nicht wirklich kundenfreundlich. Zudem muss man ja auch erst einmal wissen, dass Daten gesammelt werden, bevor man dagegen vorgehen kann.

Mittlerweile gelingt es Forschern schon, aus den Einträgen in einem sozialen Netzwerk zu erkennen, welche Vorlieben oder politische Einstellungen jemand hat. Die Internetkonzerne, die noch mehr Daten haben als diese frei verfügbaren, dürften weitaus mehr über die Nutzer wissen. Offiziell nutzen sie diese Informationen „nur", um uns personifizierte Werbung zuzuschicken. Wenn wir gerne in den Bergen unterwegs sind, dann bekommen wir Werbung für Wanderausrüstung und nicht für Tauchausrüstung. Allein damit verdienen die Konzerne Milliarden.

Doch dabei werden sie nicht stehenbleiben. Scoring-Institute wie die Schufa berechnen die Kreditwürdigkeit eines Bürgers nicht nur aufgrund der getätigten Finanztransaktionen – also wie zuverlässig jemand zum Beispiel einen Kredit zurückzahlt oder wie oft er gemahnt wurde, sondern auch basierend auf weiteren Faktoren wie dem Wohnort oder der Arbeit, die man hat. So kann jemand eine schlechte Bewertung bekommen, nur weil er in einer Gegend wohnt, wo viele Nachbarn ihre Rechnungen nicht pünktlich bezahlen. Und die Schufa weiß gar nichts über uns im Vergleich zu den Internetkonzernen, die nun auch in die Finanzwelt übergreifen. Wie werden wir von diesen Konzernen eingeschätzt? Wie werden wir von ihnen angesprochen oder gar manipuliert? Wir wissen es nicht, wir können es gar nicht wissen, weil uns weder die Informationen vorliegen, die die Konzerne über uns besitzen, noch die

Schlüsse, die sie aus diesen Daten mit ihren Algorithmen gezogen haben.
Firmen wie Google und Facebook erzeugen eine Informationsasymmetrie, wie sie die Welt noch nicht gesehen hat. Sie erhalten dabei eine Monopolmacht, wie sie die Welt noch nicht gekannt hat. Momentan gibt es keine größere Bedrohung für die Marktwirtschaft und die Demokratie als diese Kraken des Internets.

Verheimlichen der Produktionsbedingungen

Wir kaufen ein Produkt und leben dabei in einem Land, in dem es ein soziales Netz und zahlreiche Bestimmungen zum Arbeitsschutz gibt. Natürlich glauben wir dann erst einmal, dass die Produkte, die wir kaufen, auch nach diesen Regeln produziert wurden, ganz besonders, wenn sie als teure und edle Markenprodukte verkauft werden. Doch die Realität ist manchmal eine ganz andere.
So kommt es vor, dass viele junge Männer in der Türkei an einer Staublunge leiden. Dies ist nicht etwas deshalb der Fall, weil sie in einem Bergwerk gearbeitet hätten, sondern weil sie Jeans ohne Atemschutz mit einem Sandstrahl ausgebleicht haben, damit wir diese modischen Kleidungsstücke für bis zu 300 Euro in unseren Boutiquen erwerben können. Das simple Aushändigen von Gasmasken oder andere Sicherheitsmaßnahmen würden die Kosten der Produktion erhöhen und damit die Margen der Hersteller senken, also lässt man sie lieber weg.
Die Arbeitsbedingungen in vielen chinesischen Fabriken, in denen zahlreiche Produkte gebaut werden, die wir hier konsumieren, sind derart unhaltbar, dass hier pro Jahr 100.000 Menschen sterben – mehr Menschen als in Konstanz wohnen. Die menschenunwürdigen Produktionszustände in vielen

Abbildung 25: Beim Einsturz einer Textilfabrik 2013 in Bangladesch kamen 1135 Menschen ums Leben. Eine billige Produktion ließ leider keinen Spielraum für Sicherheitsmaßnahmen.

chinesischen Fabriken zeigte auch die Selbstmordserie im Jahr 2010, bei der sich zahlreiche Arbeiter des Elektronikzulieferers Foxconn umbrachten. Foxconn produziert übrigens auch Apples edle Lifestyle-Gimmicks.

Besonders übel scheinen die Arbeitsbedingungen aber in der Textilindustrie zu sein, der die Lohnkosten und Arbeitsschutzbedingungen in China schon zu hoch sind, weshalb sie in andere Länder wie Bangladesch ausweicht. Dies wurde allgemein im Jahr 2013 bekannt, als das marode Gebäude einer Textilfabrik in Sabhar in Bangladesch einstürzte, wobei 1135 Menschen getötet und 2438 verletzt wurden. Die Textilfirmen in diesem Haus arbeiteten auch für europäische Konzerne, die sich über die billigen Herstellungskosten gefreut hatten.

Natürlich wollen die Firmen nicht, dass wir etwas von diesen unmenschlichen Zuständen erfahren. Dies musste auch ein Reporter-Team der ARD erfahren, die eine Reportage über die Ausnutzung der Arbeiter in Bangladesch durch die Textilkette

kik senden wollte. Mit zahllosen Gerichtsverfahren wollte kik eine Ausstrahlung der Reportage verhindern, schließlich durfte sie doch gesendet werden. Im Jahr 2008 musste kik dann auch noch einräumen, dass sie „Kinderarbeit bei der Produktion … [der] Waren nicht zu 100 Prozent ausschließen" können.
Doch nicht nur Billigheimer sind von solchen Missständen betroffen. Auch Markenfirmen mussten immer wieder einräumen, dass bei ihren Zulieferern Kinder beschäftigt werden. In den 1990er Jahren betraf dies pakistanische Zulieferer von Nike, im Jahr 2012 räumte dann auch Apple Fälle von Kinderarbeit bei seinen Zulieferern ein.
Kinderarbeit ist auch in der Schokoladenindustrie an der Tagesordnung, zumindest am Beginn der Lieferkette. Der dänische Filmemacher Miki Mistrati besuchte für seinen Film „Schmutzige Schokolade", den die ARD im Oktober 2010 ausstrahlte, 17 Kakaoplantagen in der Elfenbeinküste und konnte in allen Plantagen arbeitende Kinder finden. Bei diesen Kindern halten es sich jedoch nicht um die Kinder der Plantagenbesitzer oder Kinder aus dem Dorf, die sich ein kleines Zubrot verdienen. Gerade in den Schokoladenplantagen der Elfenbeinküste werden verschleppte und versklavte Kinder eingesetzt. Kinder zwischen zehn und vierzehn Jahren werden aus Nachbarstaaten wie Mali verschleppt und dann als Sklaven an die Kakaobauern verkauft. Der Preis für einen Kindersklaven liegt bei etwa 230 Euro. Dafür hat er dann eine jahrelange Arbeitskraft, die nur etwas Kleidung und Essen braucht. Wir in Europa erfreuen uns dann am Genuss der Schokolade, den diese Kinder niemals kennenlernen werden.
Wenn wir Lebensmittel in unseren Geschäften kaufen, dann wissen wir in der Regel auch nicht, unter welchen Bedingungen diese hergestellt wurden. Wie mussten die Tiere leiden? Wie viele Antibiotika wurden bei der Tiermast eingesetzt? Wie viele Chemikalien wurden zum Anbau des Obsts und Gemüses auf den Feldern verstreut? Unter welchen Bedingungen arbeiten die Menschen in der Landwirtschaft? Oftmals bekommen

Abbildung 26: Bei der Ernte von Schokolade werden gerne Kinder eingesetzt. Besonders billig sind sie, wenn man sie von ihren Eltern verschleppt und versklavt hat.

gerade Mitarbeiter in den Großschlachtereien noch nicht einmal den Mindestlohn, und in Südeuropa setzt man gerne illegale Flüchtlinge auf den Feldern zur Ernte ein, die dann natürlich nicht klagen können, wenn der Plantagenbesitzer vergessen sollte, sie zu bezahlen. Zudem arbeiten diese Menschen unter unmenschlichen Bedingungen von großer Hitze oder sind giftigen Chemikalien ungeschützt ausgesetzt. Und auch Regeln zur Hygiene werden nur selten eingehalten. Doch davon soll der Kunde lieber nichts erfahren. Er würde das Produkt sonst eventuell nicht mehr kaufen, nur weil seine kostengünstige Herstellung mit dem Leid Dritter erkauft wurde.

Ein weiterer Aspekt der schmutzigen Produktionsbedingungen ist der Umgang mit den Gewinnen. Kein Kapitalist möchte von seinen Gewinnen etwas abgeben, auch wenn die Steuereinnahmen benötigt werden, um eine Infrastruktur bereitzustellen, die der Kapitalist für seine Unternehmungen benötigt. Der Kapitalist – anders als ein marktwirtschaftlicher

Unternehmer – versteht sich eher als Parasit, der von der Gesellschaft nimmt, was er kriegen kann, doch nichts zurückgibt. Er lebt den Egoismus, während ein marktwirtschaftlich agierendes Unternehmen auch soziale Aspekte nicht aus dem Auge verliert.

Um dieses Ziel zu erreichen werden Tochterunternehmen in Steueroasen gegründet, wie den britischen Kanalinseln oder Delaware in den USA oder in den Niederlanden, die oftmals noch nicht einmal einen Mitarbeiter haben, auf die aber immense Umsätze und vor allem Gewinne entfallen sollen.

So besteht ein beliebter Trick darin, Patente, Urheberrechte oder Markenrechte in eine niederländische Firma auszulagern. In den Niederlanden werden Lizenzzahlungen nur sehr niedrig besteuert. Die Tochterfirmen, die die Markenrechte oder die Patente besitzen, vergeben dann Lizenzen an ihre Mutterkonzerne. Diese Lizenzen schmälern den Gewinn der Mutterkonzerne, d.h. diese zahlen in den Ländern, in denen sie Umsätze machen, kaum Steuern – und die „Lizenzeinnahmen" der eigenen Umsätze werden in den Niederlanden niedrig besteuert.

Mit solchen und anderen Steuertricks schaffen es Weltkonzerne wie Apple, Google, Amazon und Starbucks, die Milliardenumsätze und Milliardengewinne machen, ihre Steuerzahlungen auf wenige Millionen Euro zu drücken.

So hat Apple zwischen 2008 und 2013 gar keine Steuern auf seine Gewinne in Italien gezahlt. Nach Rechnungen der Steuerbehörden hätte Apple 880 Millionen zahlen müssen. In ausgiebigen Verhandlungen konnte Apple diese Summe jedoch auf 318 Millionen Euro drücken.

Auch mit der Hilfe von Irland konnte Apple seine Steuerlast drücken. Die EU-Kommission forderte Irland schließlich auf, von Apple 13 Milliarden Euro Steuern nachzufordern. Das kleine Land ist zwar hoch verschuldet und könnte jeden Euro brauchen, allerdings ist es auch stark von amerikanischen Technikkonzernen wie Apple und Google abhängig. Deswegen weigerte es sich tatsächlich, die Steuern einzufordern, und die

Abbildung 27: Besonders innovativ sind Unternehmen, wenn es darum geht, Steuern zu vermeiden. Dabei helfen ihnen die gewagtesten Konstruktionen, oft unter der Mithilfe von Briefkastenfirmen, die sich einfach in Steueroasen gründen lassen. Hier das Bankenviertel von Panama-Stadt.

EU-Kommission musste großen Druck auf das kleine Land ausüben. Anfang 2018 überwies Apple die Steuersumme erst einmal auf ein Treuhandkonto, nun müssen die Gerichte entscheiden, ob die Steuernachforderung gerechtfertigt ist.

Schätzungen gehen davon aus, dass Apple allein in den Jahren 2010 – 2014 in Europa statt neun Milliarden Euro Steuern auf seine Einnahmen mit dem iPhone aufgrund diverser Tricks nur eine Milliarde gezahlt hat.

Mit diesen Tricks konnte Apple bis Mitte 2018 sagenhafte 260 Milliarden Dollar ansparen. Die fünf führenden Technologie-Unternehmen in den USA besitzen übrigens ein Vermögen von etwa 570 Milliarden Dollar. Microsoft belegte mit 140 Milliarden Platz zwei, Google mit 100 Milliarden Platz drei.

Dass Konzerne es schon fast für selbstverständlich halten, ihre Steuerlast selber festlegen zu können, zeigte Starbucks in Großbritannien. Aufgrund zahlreicher Proteste verzichtete die Kaffeehauskette Starbucks in den Jahren 2013 und 2014 freiwillig auf einige Steuertricks, um den Gewinn und damit die Steuern auf ein Minimum zu drücken. Man versprach, in jedem

Jahr 10 Millionen Pfund Steuern zahlen – unabhängig davon, wie profitabel das Unternehmen ist. Nicht mehr der Staat legt die Steuern fest, die Unternehmen können dies auch ganz alleine. Sie haben den Markt und, wie es scheint, auch die Regierung übernommen.

Und die Politik hilft dabei. Besonders unangenehm fiel hierbei die luxemburgische Regierung auf. Im November 2014 wurden 28.000 Seiten Dokumente mit 548 verbindlichen Vorbescheiden der Luxemburger Steuerbehörden öffentlich gemacht, die diese in Zusammenarbeit mit der Wirtschaftsprüfungsgesellschaft PricewaterhouseCoopers zwischen 2002 und 2010 abgeschlossen hatte. In diesen wurde zahllosen Konzernen mit Hilfe besonderer Steuervermeidungsmodelle angeboten, ihre Steuern auf unter ein Prozent zu drücken. Dabei wurden die Einnahmen aus anderen Ländern nach Luxemburg verlagert. Das Vorgehen war in der Regel so, dass ein Konzern seiner Luxemburger Niederlassung Kapital gab. Die Tochtergesellschaft in Luxemburg verlieh das Geld an eine Konzerntochter in den USA oder Deutschland, wo recht hohe Steuern auf Gewinne anfallen. Diese Konzerntöchter konnten die Kreditzinsen für Kredite, die sie sich selber gegeben hatten, nun als Ausgaben geltend machen, die das zu versteuernde Einkommen reduzierten. In Luxemburg selber wurden auf die Kreditzinsen nur ein lächerlich niedriger Steuersatz von unter einem Prozent (auch schon einmal nur 0,06 Prozent) erhoben. Für die Konzerne ein Riesengewinn.

Und für Luxemburg, das so an Geld kam, das in seinem Land gar nicht erwirtschaftet worden war, natürlich auch.

Eine herausragende Rolle bei diesen Vereinbarungen spielte der langjährige Regierungschef und Finanzminister Jean-Claude Juncker. Er hat übrigens weiter Karriere gemacht und leitet seit 2014 die EU-Kommission, während man die beiden Whistleblower, die diesen Skandal aufgedeckt haben, vor Gericht gestellt hat. Sie wurden Ende Juni 2016 zu zwölf und neun Monaten auf Bewährung und eine Geldstrafe von 1500 und 1000 Euro verurteilt.

Insgesamt profitierten von diesem Deal 343 internationale Konzerne aus 82 Ländern. Darunter waren so bekannte Namen wie Google, Apple, Amazon, FedEx, IKEA, PepsiCo, Heinz, Procter & Gamble und die DAX-Konzerne Deutsche Bank, E.ON und Fresenius Medical Care.

Diese Konzerne profitieren vor allem davon, dass sie als international tätige Firmen recht einfach Niederlassungen irgendwo auf der Welt gründen können, was einem kleinen Handwerksbetrieb nicht so einfach möglich ist. Der zahlt deshalb den vollen Steuersatz, während die Großkonzerne Kapitalismus pur leben und den Markt verhöhnen.

Diese Praktiken verzerren natürlich den Wettbewerb. Und die Bürger akzeptieren das nicht länger. In einem kleinen Dorf in Wales mit Namen Crickhowell haben sich die Händler nun organisiert und wenden dieselben Steuertricks an, die auch die Großkonzerne benutzen. Langfristig bleibt der Staat dabei auf der Strecke, da ihm die wichtigen Steuereinnahmen ausbleiben. Doch die einzige Möglichkeit, sich gegen das Verhalten der Großkonzerne zu wehren, die die Marktwirtschaft zerstören wollen, scheint darin zu bestehen, ebenfalls die Marktwirtschaft unter Beschuss zu nehmen. Wir können allerdings nur hoffen, dass es auch andere Möglichkeiten gibt. Denn eine tote Marktwirtschaft und ein Sieg des Kapitalismus, der nur den ganz Reichen dient, kann nicht im Sinn der Bürger sein.

Verheimlichen von Gefahren

Ist ein Produkt erst einmal auf dem Markt und verkauft es sich gut, dann will die Industrie auch, dass es auf dem Markt bleibt. Schließlich sind die Herstellung und der Verkauf von einem etablierten Produkt nahezu ohne Risiko. Es ist, als drucke man Geld.

Wird dann deutlich, dass dieses Produkt gesundheitliche Gefahren birgt, dann will die Industrie das erst einmal nicht wahrhaben. Und wenn die Belege für die Gefahren immer größer werden, dann wird sie selber aktiv, jedoch nicht, um das gefährliche Produkt vom Markt zu nehmen, sondern um Zweifel an der Richtigkeit dieser Untersuchungen zu streuen.

Heute wissen wir ohne Zweifel, dass die kleinen Fasern des Asbests hochgradig krebserregend sind. Doch jahrelang säte die Industrie Zweifel daran. In Europa ist der Einsatz von Asbest mittlerweile komplett verboten, in den USA ist er hingegen nur stark eingeschränkt.

Ebenso zweifelt heute niemand mehr an den Gesundheitsrisiken, die vom Rauchen ausgehen, sowohl wenn man selber raucht, als auch wenn man den Rauch nur passiv einatmet. Dennoch hat es Jahrzehnte gedauert, bis diese Erkenntnis allgemein anerkannt war, weil die Industrie immer wieder Zweifel gestreut hat, um ihre Pfründe zu sichern, und auch immer wieder willfährige Wissenschaftler gefunden hat, die bereit waren, für gutes Geld im Sinne der Industrie zu lügen. Dabei wusste die Industrie selber, wie gefährlich ihr Produkt ist. Sie hat ihren Wissensvorsprung jedoch eingesetzt, um die Kunden zu täuschen.

Dasselbe passiert nun beim vom Menschen verursachten Klimawandel. Die zügellose Verbrennung von fossilen Rohstoffen setzt den dort seit Jahrmillionen gespeicherten Kohlenstoff frei, der nun als Kohlendioxid (CO_2) in die Atmosphäre gelangt. Dort hält er die Wärmestrahlung wie in einem Treibhaus zurück, mit der Folge, dass die Atmosphäre sich immer weiter aufheizt. Die letzten Jahre waren auch zugleich die wärmsten Jahre, die Gletscher schmelzen weltweit, Klimazonen verschieben sich und tropische Insekten und Tiere kommen schon ins immer wärmer werdende Mittelmeergebiet und bald auch nach Mitteleuropa.

Dennoch leugnen viele, die mit fossilen Brennstoffen ihr Geld verdienen, die Existenz des Klimawandels und säen Zweifel. Lassen sich Menschen von den Fakten überzeugen, dass die

Abbildung 28: Ist ein Produkt am Markt, dann soll es da auch bleiben und Gewinne generieren. Gesundheitliche Risiken, wie hier beim Tabak, werden bestritten, so lange es geht.

Erde wärmer wird, dann wird in einer zweiten Verteidigungslinie geleugnet, dass der Mensch und die Verbrennung fossiler Brennstoffe daran schuld seien, sondern man versucht dies mit natürlichen Schwankungen zu erklären; doch die Natur kann diese Schwankungen nicht erklären. Der Klimawandel ist real, auch wenn die Konsequenzen, die man dann zu ziehen hätte, dazu führen könnten, dass der Reichtum der heute von den fossilen Brennstoffen profitierenden Kapitalisten nicht weiter wachsen würde.

Momentan geraten Neonicotinoide ins Kreuzfeuer der Kritik. Diese neuartigen Insektizide, die das Nervensystem von Insekten stärker schädigen als das von Wirbeltieren wie dem Menschen, galten als Wunderwaffe gegen Schädlinge. Sie wurden Anfang der 1990er Jahre auf den Markt gebracht. Heute werden schon Samen mit ihnen gebeizt, damit sich das

Gift in der Pflanze verbreitet und Schädlinge, die dann von der Pflanze fressen, vergiftet werden.

Doch seit einigen Jahren beobachtet man ein verstärktes Sterben von Bienenvölkern und eine starke Abnahme von Insekten allgemein. Können die Neonicotinoide daran schuld sein? Die EU wurde unruhig und beschloss im Jahr 2013 eine starke Einschränkung der Nutzung der drei Neonicotinoide Clothianidin, Imidacloprid und Thiamethoxam. Derweil wurde ihr Einfluss auf die Insekten genauer untersucht. Diese Untersuchungen bestätigten die Befürchtungen der Naturschützer, und der Einsatz dieser drei Neonicotinoide im Freiland wurde im April 2018 komplett verboten.

Allerdings sind die Bienen noch nicht gerettet. Es gibt noch weitere Vertreter aus der Gruppe der Neonicotinoide, und der Gesamtverbrauch dieser Substanzen wuchs trotz der Einschränkung der drei hauptsächlich eingesetzten Neonicotinoide weiter an. Die Industrie wird deren Herstellung erst einstellen, wenn es eindeutige Belege gibt, dass diese ebenfalls zum Insektensterben beitragen. Man möchte seinen Umsatz ja nicht aufgrund von Gerüchten gefährden.

Wir können auch hier nicht abschließend feststellen, wie gefährlich andere Substanzen aus der Gruppe der Neonicotinoide sind. Doch wir wissen, dass wir von der Industrie, die ihre Profite sichern wollte, oft belogen wurden, wenn es um die Gefährlichkeit ihrer Produkte ging. Können wir ihr diesmal glauben, oder lügt sie uns wieder an?

Die Industrie hat schon gewonnen, solange wir zweifeln. Denn dann kann sie weiterhin ihre Geschäfte machen. Mangelnde Information ist ihre stärkste Waffe, um den Markt unter ihre Kontrolle zu bringen.

Und so sind wir heute völlig unschlüssig, ob die Gentechnik nun schädlich ist oder nicht, ob Fett und Zucker ungesund sind, nur eins von beiden oder keines, und welche Medikamente wirklich helfen, und bei welchen die Industrie eine positive Wirkung nur herbeiredet, wie dies beim Grippemittel Tamiflu von Roche der Fall war, dem erst eine Wunderwirkung zugesprochen wurde – und mittlerweile, nachdem Roche Milliarden damit verdient hat, ist bekannt, dass es praktisch wirkungslos ist.

Die Industrie hat uns schon so oft belogen, dass wir nicht mehr wissen, wann sie uns noch die Wahrheit sagt. Prophylaktisch gehen wir oft davon aus, dass sie uns immer belügt. Doch wenn wir annehmen müssen, dass die Industrie uns immer belügt, dann kann kein fairer Preis ermittelt werden, der Markt hört auf zu existieren.

Diese Lügen der Industrie, die Tricks und Verwirrungen, mit denen Zweifel gesät werden, sind aber kein Versehen, sondern tief in der Logik des Kapitalismus verankert. Der Kapitalist möchte seinen Gewinn maximieren, der Weg, der ihn dahin führt, ist ihm egal. Nur die Marktwirtschaft schafft gleichberechtigte Marktteilnehmer und macht es dem Kapitalisten unmöglich, den Markt unter seine Kontrolle zu bringen und so zu zerstören.

Die Marktwirtschaft hat hier Helfer, dazu gehören Journalisten und Nichtregierungsorganisationen, die das Fehlverhalten der Kapitalisten aufdecken, und dazu gehören Testlabore, wie die Stiftung Warentest, die die Produktversprechen der Industrie überprüfen. Doch manchmal hat man den Eindruck, dass ihr Kampf ein Kampf gegen Windmühlen ist. Wurde eine Lüge aufgedeckt, liegen schon wieder zwei neue auf dem Tisch; denn aus Sicht der Kapitalisten dürfen die Kunden keine umfassenden Informationen haben, und der Markt muss bekämpft werden.

Freihandelsabkommen

Eine weitere Variante der Informationsasymmetrie sind die Freihandelsabkommen. Erst einmal spricht nichts gegen Freihandel. Warum sollen weit entfernte Länder nicht ungehindert miteinander Handel treiben? Warum soll ein Land, in dem die Menschen in Armut leben, wo deshalb auch Güter preisgünstig hergestellt werden können, nicht die Gelegenheit haben, seine Güter in einem reichen Land zu verkaufen, damit das Geld aus dem reichen Land die Armut in dem armen Land lindern kann? Und wenn dort die Einkommen steigen, dann können sich diese Länder im Gegenzug auch Waren aus den reicheren Ländern leisten. Freihandel an sich ist erst einmal nichts Schlechtes.

Doch bei den Freihandelsabkommen handelt es sich in der Regel nicht um Abkommen zum freien Handeln, sondern um Abkommen, die die Investitionen der Industrie schützen sollen – selbst wenn diese noch gar nicht getätigt wurden.

So hat ein Bergbaukonzern Kanada verklagt, weil das Land dem Konzern die Eröffnung einer Mine aufgrund von Umweltschutzbedenken untersagte. Kanada unterlag in dem Verfahren und musste 300 Millionen Dollar Schadenersatz zahlen. Ebenso verklagt der schwedische Energiekonzern Vattenfall gerade die Bundesrepublik. Aufgrund des Atomausstiegs würden dem Konzern vier Milliarden Euro Gewinn entgehen. Die Bundesrepublik soll für den Gewinnausfall geradestehen. In Ecuador hat die Regierung vor einiger Zeit die Umweltschutzgesetze und die Gesetze zum Schutz der indigenen Bevölkerung verschärft, was Einschränkungen für die wirtschaftlichen Aktivitäten vor allem amerikanischer Konzerne bedeutet. Nun verklagen 24 von ihnen Ecuador auf 14 Milliarden Dollar Schadenersatz.

Im Jahr 1997 verbot Kanada einen Zusatzstoff für Benzin, der im Verdacht steht, die Gesundheit und das Nervensystem der Menschen zu schädigen. Einer der Hersteller dieses Stoffes, die US-Firma Afton Chemical, verklagte deshalb Kanada wegen „indirekter Enteignung" auf 251 Millionen Dollar Entschädigung. In einem Vergleich vor einem privaten Schiedsgericht wurde dem Unternehmen eine Entschädigung von 13 Millionen Dollar zugesprochen. Allerdings wurde das

Verbot des Zusatzstoffes zugleich aufgehoben – sonst wäre die Entschädigung wohl höher ausgefallen.

Ähnliches spielte sich in Hamburg-Moorburg ab. Dort hatte Vattenfall ein neues Steinkohlekraftwerk gebaut. Die Anlage sollte mit Wasser aus der Elbe gekühlt werden Dies hätte aber das Ökosystem des Flusses durcheinandergebracht, weshalb Hamburg den Betrieb nur unter harten Auflagen genehmigte. Vattenfall reichte daraufhin Klage ein und wollte 1,4 Milliarden Euro Schadenersatz, weil die Rentabilität des Kraftwerks durch die Umweltauflagen gesunken sei. Letztlich musste Hamburg keinen Schadenersatz zahlen, aber dafür die Umweltauflagen wieder lockern.

Derzeit verklagt das französische Unternehmen „Veolia" den ägyptischen Staat, weil dieser den Mindestlohn auf 72 Euro monatlich erhöht hatte. Wenn die Löhne steigen, dann rechnen sich die Investitionen aber nicht mehr so, wie man ursprünglich gedacht hatte.

Die Liste mit all den Fällen, in denen Konzerne Länder aufgrund von „Freihandelsabkommen" verklagen, weil ihnen Gewinne aufgrund neuer Gesetze zum Schutz der Umwelt oder Bevölkerung entgehen, ließe sich beinahe endlos fortsetzen. Denn dies ist der eigentliche Zweck der „Freihandelsabkommen": Den Status Quo festhalten und einen möglichst geringen Schutz für die Bevölkerung festschreiben, der den Gewinn der Konzerne maximiert.

Dabei werden die Verfahren noch nicht einmal vor ordentlichen Gerichten geführt, sondern vor sogenannten privaten Schiedsgerichten. Die Richter kommen hier aus Anwaltskanzleien, die in der Regel in der Industrie gute Auftragsgeber haben. So kommt es auch, dass die meisten Fälle, die vor einem privaten Schiedsgericht landen, im Interesse der Industrie entschieden werden. Das Schiedsgericht muss sich schließlich nur um die finanziellen Belange kümmern, wie sie im „Freihandelsabkommen" niedergeschrieben wurden. Menschenrechte und Umweltschutz sind nicht Bestandteil dieser Vereinbarungen. Mit Hilfe dieser privaten

Schiedsgerichte, die auch noch im Geheimen verhandeln, ist es der Industrie gelungen, eine Paralleljustiz zu etablieren, die weitestgehend in ihrem Sinne aktiv ist – und gegen die der Bürger völlig machtlos ist. Sie ist damit ein eklatantes Beispiel für den undemokratischen Kern des Kapitalismus und der Hauptgrund, weshalb Freihandelsabkommen so engagiert von den Bürgern bekämpft werden.

Abbau von Sozialstandards

Will man dafür sorgen, dass alle Marktteilnehmer gleichberechtigt sind, dann hat man zwei Möglichkeiten: Man kann zum einen die Macht der starken Marktteilnehmer einschränken und zum anderen dafür sorgen, dass schwächere Marktteilnehmer gestärkt werden. Dies bedeutet keine Gleichmacherei im kommunistischen Sinne. Kein Mensch gleicht einem anderen.
Doch damit ein Markt funktionieren kann, darf niemand in die Position gelangen, dass er den Markt kontrolliert. Wenn wir von Gleichberechtigung reden, dann ist diese Art von Gleichberechtigung gemeint. Es ist die Gleichberechtigung zwischen Demokraten, unter denen sich auch nicht einer zum absoluten Herrscher aufschwingen kann; denn dann hätte man eine Diktatur. Und so, wie demokratische Spielregeln in einer Diktatur außer Kraft gesetzt werden, so werden auch die Marktregeln außer Kraft gesetzt, wenn ein Marktteilnehmer zu mächtig wird.
Die Kapitalisten (deren Unterstützer in der Ökonomie als Neoliberale bezeichnet werden) kämpfen an zwei Fronten, um den Markt zu zerstören. Zum einen versuchen sie, die Kontrolle über den Markt zu bekommen. Dies gelingt ihnen auf zwei Weisen: Indem sie eine Größe erreichen, sei es über ein Monopol, ein Kartell oder weil sie schlicht „to-big-too-fail" sind, die es ihnen erlaubt, dem Markt ihre Regeln aufzuzwingen. Eine andere Möglichkeit, den Markt mit seinen Regeln zu zerstören, besteht in der Informationsasymmetrie. Die Unternehmen halten wesentliche Informationen über das Produkt zurück, so dass es den Kunden unmöglich ist, einen fairen Preis für das Produkt zu ermitteln. Der Markt versagt, und der Kapitalismus hat gewonnen, wie wir schon gesehen haben.

Neben der Stärkung der eigenen Macht versuchen die Kapitalisten in der zweiten Front die Macht der anderen Marktteilnehmer zu schwächen. Die anderen Marktteilnehmer sind wir alle, die Kunden, die Arbeitnehmer, ganz einfach die Bürger dieses Landes. Über die Jahre haben wir dank der Sozialsysteme und zahlreicher Gesetze zum Schutz der Arbeiter eine recht stabile Position erreicht. Wir sind nicht länger der Willkür eines Kapitalisten ausgesetzt. Wenn wir unseren Job verlieren, wenn wir krank werden, wenn wir zu alt zum Arbeiten sind, dann landen wir nicht sofort in der Armutsfalle. Wir sind den Kapitalisten nicht ausgeliefert, und können es uns deshalb erlauben, ihnen die Stirn zu bieten, ihre Lügen bloßzustellen und sie zu verklagen, ohne Repressalien befürchten zu müssen oder damit rechnen zu müssen, den Rest unseres Lebens in Armut zu verbringen.

Natürlich sorgen diese Maßnahmen nicht dafür, dass es uns so gut geht wie einem Unternehmer. Dieser besitzt Millionenvermögen in Aktien, Firmenanteilen und Wohnungen. Wenn er seinen Job verliert, dann zieht er eben in ein Hotel an die Côte d'Azur und genießt das Leben. Im schlimmsten Fall muss er auf die sozialen Sicherungssysteme zurückgreifen, die auch für die anderen Bürger gelten. Zumeist fällt ein Reicher aber weicher als ein Armer. Doch das ist durchaus in Ordnung: Er geht schließlich Risiken ein, um die Wirtschaft zu stärken (solange er mit seinem Geld nicht nur spekuliert, sondern es auch investiert), und davon profitieren wir alle. Akzeptiert er bei seinem Handeln die Marktwirtschaft und versucht nicht, diese durch den Kapitalismus zu ersetzen, dann sei ihm sein Reichtum gegönnt.

Vor allem im 20. Jahrhundert hat man zahlreiche Maßnahmen ergriffen, um die Schwachen der Gesellschaft zu stärken. Dank dieser Regeln und dem Aufbau des Sozialstaates sind sie nun etwas gleichberechtigter sind als noch zum Beginn der industriellen Revolution. Doch völlig gleichberechtigt sind sie bei weitem nicht. Und heute kommen diese Errungenschaften auch schon wieder unter Beschuss.

Propaganda gegen Arme

Wenn man jemanden angreift, dann muss der Angegriffenen dies auch verdient haben, sonst steht man selbst schnell als Aggressor und Bösewicht da. Deshalb ist es ein wichtiges Ziel jeder Kriegspropaganda, den Gegner als Kriminellen, als Betrüger, als Unmenschen darzustellen. Ähnlich geht man nun auch im Kampf gegen die Armen vor.

Damit der Kampf gegen die Armen, die Einschränkung der Bürgerrechte und die Reduzierung der sozialen Sicherungssysteme nicht als egoistisches Verhalten einer reichen Oberschicht begriffen wird, womit er auf sofortigen Protest der Bürger stoßen würde, muss man dem Bürger begreiflich machen, dass die Angegriffenen diese Angriffe selber provoziert haben, ja dass sie selber schuld daran sind, dass die Sozialleistungen nun eingeschränkt werden, weil sie sich unmoralisch verhalten haben. Kurz: Sie haben die Sozialsysteme nur ausgenutzt. Wer arm ist, der ist arm, weil er faul ist. Und wenn er dann Sozialleistungen in Anspruch nimmt, dann ist er ein Schmarotzer.

Ab den 1990er Jahren verbreiteten vor allem konservative Medien dieses Bild der Armen. Nur ein paar Beispiele aus dieser Zeit:

Im Herbst 1995 schmückte das Magazin Focus der Titel „Das süße Leben der Sozial-Schmarotzer". Im Magazin konnte man dann lesen, dass die Mitarbeiter in den Sozialämtern die Missbrauchsquote auf fünfzehn bis zwanzig Prozent schätzen (offizielle Zahlen scheint es nicht zu geben), was bedeuten würde, dass jeder fünfte Hilfeempfänger ein Betrüger ist. Für den Missbrauch der Sozialversicherung führte der Artikel unter anderem folgende Beispiele an:

- Einen Krankheitstag genehmigen sich immer mehr Arbeitnehmer. Durchschnittlich 21 Tage pro Jahr

sind die deutschen Arbeitnehmer krank – weltweite Spitze.
- Eine 70jährige Kölnerin verschenkte ihr Sparbuch mit 155 000 Mark an ihre Angehörigen, um sich dann beim Sozialamt zu melden. Das Amt zahlt noch heute ihr Pflegeheim. In der Erbengeneration macht der Trick Karriere: Der Beschenkte behauptet, das Geld nicht mehr zu haben. Das Amt kann so auch nichts zurückfordern.
- Ein Ehepaar aus Afghanistan floh nach Deutschland. Weil die Frau im sechsten Monat schwanger war, konnte sie aus humanitären Gründen nicht mehr abgeschoben werden. Nach der Geburt erhielt der Afghane Beihilfen für Babyausrüstung, Nahrung und Wohngeld. Der Kniff funktionierte auch beim zweiten und dritten Kind. Mittlerweile lebt die Familie fest in München, wo der Vater in einem einschlägigen Verein seine Landsleute in Sachen „Bettelbriefe ans Sozialamt" berät. Er sagt: „Ihr Deutschen seid schön dumm."
- Der 40jährige Hans P. promoviert seit 15 Jahren in Betriebswirtschaft. Mit großem Erfolg, denn sein Studentenausweis beschert ihm kostenlose Fahrten mit Bahn und Bus im Rheinland, Opernkarten zum Spartarif und ein Leben ohne Beiträge für Arbeitslosen- und Rentenversicherung.
- In einer Langzeitstudie über „Sozialhilfekarrieren" hat der Bremer Professor Stephan Leibfried entdeckt, dass fast die Hälfte aller neuen Antragsteller nur bis zu einem Jahr in der Sozialhilfe bleibt. Viele nutzten sie mittlerweile als „ihr gutes Recht" auf eine Verschnaufpause, so Leibfried, „um eigene Lebensziele zu verwirklichen, etwa ein Kind aufzuziehen oder

nach Scheidung, Krankheit oder Krise wieder Fuß zu fassen". Roland Kauf, Sachgebietsleiter Sozialhilfe im oberbayerischen Schongau, beschreibt die veränderte Klientel: „Zum Alltag gehört heute die alleinerziehende Mutter, die gleich einen Antrag auf Bekleidungsbeihilfe im Wert von 4000 Mark mitbringt."

Wer könnte nach diesen Beispielen noch daran zweifeln, dass der Sozialstaat zu überdimensioniert ist, dass er gestutzt gehört, da er in großen Teilen nicht mehr dazu dient, den Armen und Bedürftigen zu helfen, sondern nur noch von eigentlich nicht Berechtigten ausgeplündert wird? Gut, man könnte sich fragen, wie repräsentativ diese Zahlen sind, aber wissenschaftliche Exaktheit war wohl nicht das Ziel dieses Artikels.

Der Fernsehsender Sat1 hatte im Sommer 2008 eine Reality-Show im Programm, in der Sozialermittler bei ihrer Jagd auf Sozial-Schmarotzer gezeigt wurden. Unter dem Serientitel „Gnadenlos gerecht - Sozialfahnder ermitteln" konnten die Zuschauer dann erleben, wie man Bürger verfolgte, die zu Unrecht Sozialhilfe bezogen. Bei der Menge der gezeigten Fälle konnte auch wieder nur der Eindruck entstehen, die Sozialhilfeempfänger sind alles faule Schweine und Sozialschmarotzer.

Und auch die Bild-Zeitung wollte bei diesem Spießrutenlauf natürlich ihren Beitrag leisten. Im Jahr 2003 berichtete sie mehrfach über einen Sozialhilfeempfänger, der als Florida-Rolf bezeichnet wurde, weil er sich in Florida die Sonne auf den Pelz scheinen ließ und das Leben im sonnigen Urlaubsstaat der USA genoss, während der deutsche Steuerzahler für seinen Lebensunterhalt aufkommen musste. Wer wollte nach dieser Geschichte noch daran zweifeln, dass unser Sozialsystem zu großzügig ist, dass die Menschen darin zur Faulheit erzogen werden, weshalb die sozialen Bedingungen in unserem Land abgebaut werden müssen?

Was dabei gerne übersehen wird: Es gibt in Deutschland weit über eine Millionen Aufstocker, also Menschen, die mit ihrer

Arbeit so wenig verdienen, dass sie noch Geld vom Staat erhalten können, um zumindest das Lebensminimum abzusichern. Würden diese Menschen nicht arbeiten, dann hätten sie genauso wenig Geld, und sie könnten sogar noch ausschlafen. Dennoch gehen sie arbeiten. Wie passen diese über eine Million Einzelfälle zum Bild der faulen Armen?

Und wie viele reiche Leute gibt es, die mit Tricks ihr Vermögen kleinrechnen, um weniger Steuern zu zahlen, die es heute schon verschenken, damit keine Erbschaftssteuer fällig wird, oder die es gleich ganz vor dem Staat verstecken, um keine Steuern zu zahlen? Die Finanzbehörden haben in den letzten Jahren mehrere Datensätze aufgekauft, die Kontodaten von Steuerbetrügern enthielten (die sogenannten Steuersünder-CDs). Diese Datensätze enthielten jeweils einige zehntausend Kontoinformationen von mittlerweile weit über 100.000 Steuersündern.

Dazu gibt es zahllose Fälle, in denen Arbeiter von ihren Unternehmen um den Mindestlohn betrogen werden. Im Jahr 2016 wurde in Deutschland 2,7 Millionen Arbeitnehmern noch nicht einmal der Mindestlohn gezahlt. Das Geld blieb in den Taschen der Unternehmer.

Aber auch diese beeindruckenden Zahlen, die weit über Einzelfälle hinausgehen, beweisen nicht, dass alle Reichen Steuersünder sind und den Staat oder ihre Mitarbeiter betrügen. Sie beweisen nur, dass es unter den Reichen eben auch schwarze Schafe gibt, so wie es unter den Armen schwarze Schafe gibt.

Allerdings wurden die schwarzen Schafe innerhalb der Armen dafür genutzt, um Stimmung gegen die Armen zu machen. Einzelfälle sollten als Beispiele eines typischen Verhaltens dienen, sie sollten „beweisen", dass wir es mit unseren Sozialleistungen übertrieben haben, dass es nun an der Zeit sei, diese zu reduzieren. Das Leben musste für die Armen wieder härter werden, denn nur so können wir sicherstellen, dass sie sich nicht auf unsere Kosten ausruhen. Und so wurden Maßnahmen ergriffen, um die Position der Reichen zu stärken, und die der Armen zu schwächen. Man befindet sich nun immer weniger auf gleicher Augenhöhe, und die Marktwirtschaft wird geschwächt.

Arbeitsbedingungen

Die Situation der Arbeiter in Deutschland könnte heute kaum besser sein. Im Jahr 2018 sind nur gut fünf Prozent aller Menschen in Deutschland arbeitslos, so wenig wie seit Jahrzehnten nicht mehr. Schon redet man davon, dass man in einigen Jahren wieder Vollbeschäftigung erreichen könnte. Für einige Bereiche in der Pflege, den Lehrberufen, im Handwerk oder den Ingenieursberufen findet die Industrie schon heute kaum noch Arbeitskräfte.
Doch diese scheinbar paradiesischen Zustände haben einen Nebengeschmack. Sie wurden paradoxerweise durch ein Ansteigen der Armut erkauft. Während noch nie so viele Menschen in Deutschland Arbeit hatten wie heute, arbeiteten auch noch nie so viele Menschen in prekären Arbeitsverhältnissen.
Früher war die Welt einfach. Hatte man seine Lehre gemacht oder seinen Abschluss vom Studium in der Tasche, dann fing man bei einer Firma an und blieb dort meistens bis zur Rente. Die Arbeitsbedingungen in der Firma waren geregelt, die Gewerkschaften sorgten mit ihrer Macht am Arbeitsmarkt auch dafür, dass sich die Bedingungen für die Beschäftigten regelmäßig verbesserten.
Doch seit einigen Jahren gibt es diese Sicherheit nicht mehr. Immer mehr Beschäftigte bekommen keine unbefristeten Verträge mehr, sondern nur noch befristete. Immer mehr Beschäftigte sind gar nicht mehr bei der Firma angestellt, für die sie arbeiten, sondern bei einem Subunternehmen. Sie arbeiten als Leiharbeiter oder mit Werksverträgen, womit sie weniger verdienen und eine geringere soziale Sicherheit haben.

Diese Situation wird durch Internet-Plattformen noch verschlimmert, auf denen wir uns ganz einfach eine Dienstleistung bestellen können. Dabei kann es sich um eine Fahrt handeln, wie bei Uber, über Handwerker-Plattformen oder Lieferdienste wie Foodora oder Lieferando. Die Mitarbeiter bei diesen Unternehmen arbeiten zumeist auf eigene Rechnung, sie sind nicht fest angestellt. Beworben wird diese Art der Arbeit damit, dass man nun sein eigener Chef sei und arbeiten könne, wann man wolle. Der Kapitalismus macht ja schon seit langem Werbung mit Freiheit – meint damit aber nur die Freiheit der Reichen, die Armen landen in Unfreiheit.

Dieses Versprechen stimmt dann noch nicht einmal: Wenn man seine Freiheiten wirklich nutzen will und nur selten zur Verfügung steht, dann wird man von diesen Plattformen auch seltener gebucht. Schließlich wünscht man sich, dass sein Diener praktisch rund um die Uhr zur Verfügung steht.

Manche Mitarbeiter erhalten auch einen festen Stundenlohn, wie zum Beispiel einige Mitarbeiter von Foodora. Allerdings liegt dieser kaum über dem Mindestlohn, und um das Arbeitswerkzeug müssen sich die Mitarbeiter selber kümmern. Reparaturen für das Fahrrad werden zwar bezuschusst, allerdings sind die gesamten Kosten damit nicht gedeckt. Und das Smartphone, welches man benötigt, um über die Foodora-App erreichbar zu sein, muss man selber kaufen. Die Kosten für die Verbindung liegen dann natürlich auch gleich beim Mitarbeiter. Unter dem Strich zahlt der Lieferdienst dann noch nicht einmal Mindestlohn.

Doch die gerade beschriebenen Mitarbeiter haben immerhin einen Arbeitsvertrag. Viele andere sind selbstständig. Sie müssen sich selber um die soziale Absicherung kümmern. Lohnfortzahlung im Krankheitsfall gibt es dann gar nicht, schließlich arbeitet der Mitarbeiter ja auf eigenes Risiko.

Pro Auftrag bekommt er einen festen Betrag, doch damit erreicht er über den Tag gesehen in der Regel nicht einmal den Mindestlohn. Doch der gilt ja nur für fest angestellte

Mitarbeiter, nicht für Selbstständige, man hält sich also an die Gesetze.
Die neue Internet-Plattformen, auf denen wir so einfach und preisgünstig Dienstleitungen erwerben können, führen uns zurück in die Urzeiten des Kapitalismus, als die Unternehmen alle Trümpfe in der Hand hielten, und die Mitarbeiter nahezu rechtlos waren. Doch die haben ja keine Alternative. Suchen sie Schutz im Sozialsystem des Landes, dann werden sie als Schmarotzer beschimpft und bestraft.
Der Arbeitsmarkt wandelt sich stetig, und die Kräfteverhältnisse verschieben sich zu Gunsten der Kapitalisten. Noch im Jahr 1996 unterlagen 70 Prozent aller Beschäftigten im Westen der Tarifbindung. Im Jahr 2016 waren es nur noch 51 Prozent. Für den Osten sind die entsprechenden Zahlen 56 Prozent und 37 Prozent. Noch nicht einmal die Hälfte der Arbeitnehmer in Deutschland kommen heute in den Genuss eines Tarifvertrags. Und diese Hälfte steht damit in der Regel deutlich schlechter als die, die sich noch über eine Tarifbindung freuen dürfen. Die Betonung liegt hier auf dem Wort „noch".
Denn der Kapitalismus tut alles, um wieder mehr Geld in die Taschen der Kapitalisten zu lenken und weniger in den Taschen der Arbeiter zu lassen. Dabei wird er leider viel zu oft von der Politik unterstützt.
Die Wende wurde zuerst in den USA und in Großbritannien eingeleitet. Ronald Reagan stieg als erster gegen die Arbeiter in den Ring. 1981 hatte die Gewerkschaft der Fluglosten zu einem völlig legalen Streik aufgerufen, um für bessere Arbeitsbedingungen zu kämpfen. Ohne zu zögern und unbeeindruckt von landesweiten Demonstrationen zur Unterstützung der Streikenden ließ Reagan die Streikführer verhaften und die Streikenden entlassen. Die US-Armee übernahm für eine Übergangszeit die Aufgaben der zivilen Fluglotsen. Danach spielten die Gewerkschaften in den USA eine noch geringere Rolle, als sie dies vorher schon getan hatten.

Die „eiserne Lady", Margaret Thatcher, folgte in Großbritannien dem amerikanischen Vorbild. Anfang der 1980er Jahre hatte sie schon die Streikrechte der Gewerkschaften beschnitten (spontane Streiks wurden zu kriminellen Handlungen erklärt, Sympathiestreiks verboten). Nach der Ankündigung, mehrere Zechen schließen und die anderen privatisieren zu wollen, traten schließlich die britischen Bergarbeiter ab dem März 1984 in einen Streik. Margaret Thatcher nahm den Kampf auf. Polizisten wurden eingesetzt, um gewaltsam die Fronten der Streikenden zu öffnen und Streikbrecher in die Betriebe zu bringen. Die Kinder der Streikenden wurden von der kostenlosen Schulspeisung ausgenommen und die Familien der Streikenden zu Ausgestoßenen. Thatcher bezeichnete die Gewerkschaften sogar als „Feind im Inneren (enemy within)". Trotz Spenden und Unterstützung aus der Bevölkerung und aus dem Ausland verloren immer mehr Streikende zum Jahresende die Hoffnung, diesen Kampf noch gewinnen zu können. Im März 1985 gaben sie schließlich auf. Die englischen Gewerkschaften waren danach nie mehr so mächtig wie in den Zeiten zuvor.

Diese brutale Konfrontation hat es in Deutschland nicht gegeben. Dennoch führte ausgerechnet die rot-grüne Bundesregierung unter Gerhard Schröder Änderungen ein, die dafür sorgten, dass sich die Situation für die Bürger verschlechterte. So wurde der Niedriglohnsektor erschlossen und den Firmen Tür und Tor geöffnet, um Mitarbeiter über billige Werksverträge oder als Leiharbeiter einzustellen. Zugleich wurde der Druck auf Arbeitslose erhöht, nun jeden Job anzunehmen und nicht darauf zu warten, eine ihrer Qualifikation entsprechende Stelle zu finden.

Die Unternehmen nutzten diese Freiheiten, diese Stärkung ihrer Position, weidlich aus. So nahm in Deutschland zwischen 2000 und 2006 die Zahl der Vollbeschäftigungen um 10 Prozent ab, während die Anzahl der geringfügigen Beschäftigungsverhältnisse um 30 Prozent stieg. Die Zahl der Leiharbeiter stieg von 2003 bis 2016 von etwa 300.000 auf etwas über eine Million. Dabei verdient ein Leiharbeiter im Durchschnitt nur etwa 1800 Euro brutto im Monat, ein Vollbeschäftigter kommt auf etwa 3000 Euro. Fast jeder vierte Vollzeitarbeitnehmer in Deutschland – gut acht Millionen Menschen – ist mittlerweile im Niedriglohnsektor beschäftigt und bekommt brutto den Mindestlohn von derzeit (2018) 8,84 Euro – wobei der Lohn durch Tricksereien mancher Arbeitgeber de facto auch darunter liegen kann; nach einer Untersuchung sind von diesen Tricksereien rund 2,7 Millionen Arbeitnehmer in Deutschland betroffen.

Die Quote der Menschen, die formal Mindestlohn beziehen, ist in Deutschland nun fast so hoch wie in den USA. Im Jahr 2013 haben 1,3 Millionen Menschen so wenig verdient, dass sie ihr Gehalt vom Sozialamt aufstocken lassen mussten, um zumindest die Grundsicherung zu erreichen. Allein im Jahr 2015 gab der Staat dafür 10,5 Milliarden Euro aus. Seit dem Start von Hartz-IV im Jahr 2005 waren es mehr als 100 Milliarden Euro.

Im Jahr 2015 waren 1,54 Millionen Kinder von Hartz IV-Leistungen abhängig – so viel wie noch nie seit Erhebung der Statistik. Im Mai 2016 erhielten laut Bundesagentur für Arbeit insgesamt 6,91 Millionen Menschen Arbeitslosengeld oder Hartz-IV-Leistungen. Das sind fast zweieinhalb Mal so viele Menschen wie vor 25 Jahren. Diejenigen, die freiwillig oder unfreiwillig auf Hilfen verzichten, sind dabei nicht einmal eingerechnet. Und das zu einer Zeit, wo die Wirtschaft und damit die Beschäftigung doch scheinbar boomen. Der Niedriglohnsektor hat in Deutschland Fuß gefasst. Soziologen sprechen sogar davon, dass es heute in Deutschland wieder ein Proletariat gibt, von dem man hoffte, dass es in den Geschichtsbüchern verschwunden war.

Eine beliebte Masche, um die Lohnkosten zu senken, besteht darin, die Mitarbeiter zu entlassen – und dann über eine oftmals firmeneigene Zeitarbeitsfirma zu deutlich schlechteren Konditionen wieder einzustellen. So gründete der Autobauer VW im Jahr 1999 mit der Stadt Wolfsburg das

Gemeinschaftsunternehmen Wolfsburg AG. Dieses Unternehmen arbeitet exklusiv als Leiharbeitsfirma für VW und seine Zulieferer. Ebenso besitzt die Deutsche Bahn mit der DB Jobservice und die Deutsche Telekom mit der Vivento Interim Services eine betriebseigene Leiharbeitsfirma, bei denen die Beschäftigten zu deutlich schlechteren Konditionen arbeiten als die Stammbelegschaft.

Andere Unternehmen lagern ihre Arbeit und das Verdienstrisiko einfach an Subunternehmer aus. Das Politmagazin Monitor berichtete im Januar 2011, dass der Paketzulieferer Hermes das Zustellgeschäft an Subunternehmer ausgelagert hat, die pro Paket 0,55 – 0,60 Euro verdienen. Dafür zahlen sie den Sprit und die Unterhaltskosten für ihr Auto – und auch etwaige Strafzahlungen, weil eine Eilzustellung nicht pünktlich zugestellt wurde. Unter dem Strich gibt es dann schon mal Monate, wo ein Paketzusteller gar nichts verdient. Ebenso leiden müssen Briefzusteller, die für die neuen Konkurrenten der Post die Briefe austragen und in manchen Monaten trotz mehr als 40 Stunden pro Woche nur 800 Euro netto auf dem Konto haben – also netto weniger als 4,70 Euro pro Stunde verdienen und damit unter dem gesetzlichen Mindestlohn liegen. Diese Menschen haben zwar einen Job, können davon aber dennoch nicht leben. Die Arbeitslosenzahlen mögen zurückgehen, die Armut jedoch wächst.

Diese zunehmende Armut sieht man am Wachstum der Tafeln. Im Jahr 1993 nahm die erste Tafel in Deutschland ihre Arbeit auf und gab Lebensmittel, deren Mindesthaltbarkeitsdatum abgelaufen war bzw. bald ablaufen würde, an Bedürftige. Heute gibt es über 3000 Ausgabestellen in ganz Deutschland. Der Erfolg der Tafeln ist ein Armutszeugnis für eine Gesellschaft, die glaubt, in einer Marktwirtschaft zu leben. Für den Kapitalismus ist zunehmende Armut hingegen kein Makel, sondern sie gehört zum System.

Abbildung 29: Die Macht der Arbeitnehmer schwindet. Zwar hatten noch nie so viele Menschen in Deutschland eine Beschäftigung wie 2018. Doch die meisten arbeiten unter prekären Verhältnisse, die Armut steigt. Und die Tafeln, gedacht, um die Ärmsten mit Speisen zu versorgen, erfahren seit Jahren wachsenden Zulauf.

Diese zunehmende Armut ist auch im Sinne des Kapitalismus; denn wer sich darum kümmern muss, wie er den Monat überlebt, hat keine Zeit, sich in die Politik einzumischen. Und wer froh über jeden Job ist, legt sich auch nicht mit den Unternehmen an. Er könnte ja sonst seinen Job verlieren. Die Armen fügen sich in ihr Schicksal, weil es ihnen sonst noch schlechter gehen könnte. Die Kapitalisten können wieder ihre Macht ausüben und die Regeln festlegen. Die Marktwirtschaft weicht dem Kapitalismus.

Steuern

Seitdem es Staaten gibt, stellt sich auch die Frage, wie der Staat finanziert werden soll, um die Verwaltung, die Infrastruktur, die Sicherheit, die Bildung und die Landesverteidigung zu bezahlen. Die Antwort darauf ist: Der Staat muss Steuern einnehmen. Doch wie sollte man die Höhe der Steuern festlegen?
In früheren Zeiten zahlten die Bürger einen festen Prozentsatz ihres Einkommens als Steuern. Schon in der Bibel wird

berichtet, dass Abraham den Zehnten seiner Einnahmen an die Hohepriester abliefern musste.

Die Idee dahinter war, dass jeder Bürger zu gleichen Teilen an der Finanzierung des Gemeinwesens beteiligt werden sollte. Durch einen festen Prozentsatz würde ein Reicher absolut gesehen auch deutlich mehr zahlen als ein Armer; wäre sein Einkommen zehnmal so hoch wie das eines Armen, dann zahlt der Reiche auch zehnmal mehr Steuern.

Allerdings behielt er auch eine zehnmal so große Summe von seinem Einkommen. Und so stellte man sich die Frage, ob man die Reichen nicht prozentual stärker besteuern sollte als die Armen, schließlich müssten die Armen einen größeren Teil ihres Einkommens aufwenden, um zu überleben, während die Reichen die Notwendigkeiten des Lebens quasi aus der Portokasse bezahlen und ihren Reichtum ansonsten für eigentlich überflüssigen Luxus ausgeben. Einer der ersten, der dies niederschrieb, war ausgerechnet die Galionsfigur der liberalen Ökonomen, Adam Smith, der dies in seinem Hauptwerk „An Inquiry into the Nature and Causes of the Wealth of Nations" so formulierte:

„Die Notwendigkeiten des Lebens bilden die größten Ausgaben für die Armen. Sie finden es schwierig, Nahrung zu bekommen, und der größte Teil ihrer kleinen Einkünfte wird darauf verwandt. Der Luxus und die Nichtigkeiten des Lebens bilden den größten Teil der Ausgaben der Reichen, und ein prunkvolles Haus verschönert und stellt all den Luxus und die Nichtigkeiten, die sie besitzen, besonders vorteilhaft dar. Eine Steuer auf Hausbesitz würde deshalb vor allem die Reichen treffen; und diese Art von Ungleichheit wäre vielleicht noch nicht einmal völlig unvernünftig. Es ist nicht unvernünftig, dass die Reichen zu den öffentlichen Ausgaben nicht nur im Verhältnis zu ihren Einkünften beitragen sollten, sondern sogar stärker als in diesem Verhältnis."

Letztlich forderte Smith eine progressive Besteuerung, wo der Steuersatz mit der Höhe des Einkommens bzw. des Reichtums steigt. Damit blieb den Reichen immer noch mehr von ihren Einkommen als den Armen, doch die Schere war nicht mehr ganz so groß, und die Steuern der Armen konnten gesenkt und ihnen so das Leben etwas einfacher gemacht werden.

Es dauerte allerdings über 100 Jahre, bis eine progressive Steuer vom preußischen Finanzminister Johannes von Miquel am 14. Juli 1893 eingeführt wurde. Andere Länder folgten diesem Beispiel und führten ebenfalls eine progressive Einkommenssteuer ein, etwa Großbritannien im Jahr 1910 oder die USA im Jahr 1913.

In den 1950er Jahren betrug der Spitzensteuersatz in Deutschland 53 Prozent, also deutlich mehr als heute. Dies ist umso bemerkenswerter, als neoliberale Ökonomen ja steif und fest behaupten, dass ein hoher Steuersatz Gift für die Wirtschaft sei und bei hohen Steuern jegliche wirtschaftliche Aktivität sofort erlahme. Nur zum Vergleich: In den USA lag der Spitzensteuersatz bis in die 1970er Jahre bei über 70 Prozent! Dennoch erlebten beide Länder nach dem Zweiten Weltkrieg ein immenses Wachstum, in Deutschland sprach man sogar von einem Wirtschaftswunder. Und das trotz eines unglaublich hohen Spitzensteuersatzes!

Doch dann glaubte man, die Wirtschaft ankurbeln zu müssen, indem man die Steuern senkte, wobei man vor allem den Spitzensteuersatz im Blick hatte, von dessen Senkung allein die Reichen profitieren. In den USA wurde der Spitzensteuersatz Anfang der 1980er Jahre unter Ronald Reagan von 77 Prozent auf 38,5 Prozent halbiert. In Deutschland folgte erst die rot-grüne Bundesregierung diesem Beispiel und senkte den Spitzensteuersatz von 53 Prozent in mehreren Schritten auf 42 Prozent im Jahr 2005.

Ein weiteres Geschenk für die Reichen war die Neugestaltung der Kapitalertragssteuer, also dem Einkommen aus Zinsen und Dividenden, was für die Armen der Gesellschaft ja kein Thema ist. In Deutschland wurden diese Einkünfte durch Zinsen oder

Dividenden jahrelang wie Arbeitseinkommen behandelt, d.h. sie unterlagen wie diese der Steuerprogression. Im Jahr 2009 wurde dies geändert. Seitdem beträgt die Kapitalertragssteuer – oder Abgeltungssteuer, wie sie seitdem heißt – nur noch pauschal 25 Prozent und wird direkt von den Banken einbehalten. Für Menschen mit hohen Einkünften aus Kapitalanlagen, also für die gesamte Oberschicht, bedeutete dies fast eine Halbierung des Steuersatzes. Für Leute mit niedrigem Einkommen erhöhte sich der Steuersatz – aber sie haben die Möglichkeit, den Anteil, der über ihrer Einkommenssteuer liegt, im nächsten Jahr mit ihrer Steuererklärung wieder zurückzuholen, wenn sie denn je das Problem haben, den Freibetrag auszureizen.

Obwohl die Abgeltungssteuer auch einige Steuererleichterungen abschaffte – so müssen nun auch Gewinne aus Aktienverkäufen versteuert werden, wenn die Aktien länger als ein Jahr gehalten wurden, und das sogenannte Halbeinkünfteverfahren, nach dem nur die Hälfte der Dividendeneinkünfte versteuert werden musste, wurde gestrichen – blieb in den Taschen der (reichen) Bürger durch das neue Gesetz jährlich eine Summe von etwa 1,3 Milliarden Euro hängen.

All diese Steuergeschenke, die den Reichen in Deutschland seit der Jahrtausendwende gemacht wurden, komplettierte ein Geschenk, das der Staat ihnen schon zum Ende des Jahres 1996 gemacht hatte, also noch unter der Regierung Kohl. Denn 1996 hatte der Staat einfach die Vermögenssteuer abgeschafft. Bei der Vermögenssteuer muss der Betroffene einen kleinen Prozentsatz seines Vermögens, oft weniger als ein Prozent, als Steuer zahlen. Ausgangspunkt für die Streichung war eine Entscheidung des Bundesverfassungsgerichtes gewesen, nach der die Ungleichbehandlung von Immobilienbesitz und anderem Vermögen verfassungswidrig war, da der Wert von Immobilien mit dem viel zu niedrigen Einheitswert berechnet wurde. Anstatt nun die Berechnung des Immobilienwertes gerechter zu gestalten, beschloss die damalige Bundesregierung unter Helmut Kohl, die Vermögenssteuer einfach abzuschaffen. Und bisher sah auch keine Regierung die Notwendigkeit, dieses Geschenk an die Reichen wieder zurückzunehmen. Dabei waren die Einnahmen durch die Vermögenssteuer gar nicht einmal so unbedeutend: Im Jahr 1996, dem letzten Jahr, in dem die Vermögenssteuer erhoben wurde, beliefen sich ihre Einnahmen auf umgerechnet etwa 4,5 Milliarden Euro. Allein durch den Wegfall der Vermögenssteuer und der Reform der Kapitalertragssteuer gehen dem Staat jedes Jahr etwa sechs Milliarden Euro verloren.

Dazu kommt noch eine seit Jahren notorisch ungerechte Erbschaftssteuer, die regelmäßig vom Bundesverfassungsgericht moniert wird und überarbeitet werden muss – nur um dann wieder vom Bundesverfassungsgericht beanstandet zu werden. Denn das Erbschaftssteuergesetz sieht gerade für Reiche so viele Ausnahmeregeln vor, dass sie trotz riesiger ererbter Vermögen kaum Steuern zahlen müssen. So werden in Deutschland jedes Jahr geschätzt 200 bis 300 Milliarden Euro vererbt oder verschenkt. Im Jahr 2014 wurden davon nur 33,9 Milliarden besteuert (also nur gut 10 Prozent) und die gezahlten Steuern beliefen sich auf lächerliche 5,45 Milliarden Euro, oder weniger als zwei Prozent vom vererbten Vermögen.

Wenn der Staat aber zu Gunsten der Reichen auf so viel Geld verzichtet, dann kommt er in finanzielle Probleme. Er muss entweder Schulden machen (was er lange tat), oder er muss irgendwie anders seine Einnahmen generieren. Dies tut er, indem er indirekte Steuern erhöht, die jeder Bürger zahlen muss. Zu diesen indirekten Steuern gehören die Ökosteuer und die Mineralölsteuer, aber auch die Mehrwertsteuer, die alle das gemeinsame Merkmal besitzen, dass der Steuersatz für alle Einkommen fix ist. Mit ihnen verabschiedet man sich also von der Progressivität. Und gerade hier greift der Staat beherzt zu.

Die Mehrwertsteuer wurde zum 01.01.1968 mit einem Regelsatz von 10 Prozent eingeführt, der schon am 01.07.1968 auf 11 Prozent erhöht wurde. In den Jahren 1978, 1979, 1983, 1993, 1998 wurde sie dann jeweils um einen weiteren Prozentpunkt erhöht, bis die große Koalition aus SPD und Union im Jahr 2007 wegen der desolaten Finanzlage nach all den Steuererleichterungen für die Reichen einen großen Sprung wagte und die Mehrwertsteuer direkt von 16 auf 19 Prozent erhöhte.

Der Staat verlagert also über die Zeit die Steuereinnahmen weg von einer progressiven Besteuerung, die das Geld vor allem bei den Reichen eingesammelt und die Armen verschont hätte, hin zu einer fixen Besteuerung, die alle Bürger gleich stark besteuert. Das dies letztlich nicht gerecht ist, hat schon Adam Smith erkannt. Doch durch diese Umverteilung von unten nach oben werden die Armen, die Arbeiter, die Bürger geschwächt, und der Kapitalist hat mehr Geld in seiner Kriegskasse, um die Marktwirtschaft unter Beschuss zu nehmen.

Datum	Höhe
01.01.1968	10%
01.07.1968	11%
01.01.1978	12%
01.07.1979	13%
01.07.1983	14%
01.01.1993	15%
01.04.1998	16%
01.01.2007	19%

Tabelle 2: Die Entwicklung des Mehrwertsteuersatzes. Im Jahr 2007 tat er einen großen Sprung. Die Steuersenkungen für die Reichen in den Jahren davor forderten ihren Tribut.

Sozialversicherungen

Die Sozialversicherungen wurden eingeführt, um die Armen vor großen finanziellen Risiken zu schützen und ihnen ein menschliches Leben zu ermöglichen, auch wenn sie in Not geraten. Doch seit Jahren wird hier gespart. So gibt es für Zahnersatz nur noch einen Festbetrag, die Differenz müssen die Kranken selber zahlen – oder eben auf die Behandlung verzichten, wenn sie das nicht können. Die Kosten für eine Brille werden auch nur noch in Ausnahmefällen übernommen, und nicht mehr in jeden Fall erstattet.

Als Gründe werden immer wieder angeführt, dass die Kosten für die Sozialversicherungen explodieren, und man hier sparen muss. Schließlich können die Beiträge ja nicht ins Unendliche steigen. Doch tatsächlich ist es so, dass nicht gespart wird. Die Kosten werden nur von der Solidargemeinschaft in die Taschen derjenigen verlagert, die eigentlich von der Solidargemeinschaft profitieren sollten.

Wenn man die Beiträge für die Sozialversicherungen stabil hält, dann profitieren davon erst einmal der Arbeitnehmer und der Unternehmer, denn beide teilen sich die Beiträge. Doch wenn man Leistungen streicht und diese privat von den Sozialversicherten bezahlen lässt, dann leiden darunter nur die Arbeitnehmer, die Unternehmen sind fein heraus. Und dies ist der Fall, wenn Kranke die Kosten für Zahnersatz oder Brillen zumindest teilweise übernehmen müssen oder einen Anteil an den Kosten für ihr Medikament tragen müssen.

Dabei stimmt es noch nicht einmal mehr, dass sich die Unternehmen und die Arbeitnehmer die Kosten für die Sozialversicherungen teilen. Zum ersten Mal wurde dieser Grundsatz zur Einführung der Pflegeversicherung am 01. Januar 1995 aufgeweicht, damals noch unter der Regierung Kohl. Zwar zahlen Arbeitgeber und Arbeitnehmer den gleichen

Prozentsatz, dafür wurde jedoch ein Feiertag abgeschafft, der Buß- und Bettag, den Arbeitgebern wurde also ein Arbeitstag geschenkt, als Ausgleich für die Kosten der Pflegeversicherung. In Sachsen behielt man als einzigem Bundesland diesen Feiertag bei. Hier zahlen die Unternehmen einen um 0,5 Prozentpunkte geringeren Beitrag zur Pflegeversicherung als die Unternehmen im Rest des Landes, die Beschäftigten hingegen zahlen einen um 0,5 Prozentpunkte höheren Beitrag. In Sachsen kann man also deutlich sehen, dass es keine paritätische Kostenteilung zwischen Arbeitgebern und Arbeitnehmern gibt.

Ganz offen trennte sich ausgerechnet eine SPD-geführte Regierung im Jahr 2004 bundesweit von der paritätischen Kostenteilung. Der Beitrag zur Krankenversicherung für die Arbeitgeber wurde einfach auf einen bestimmten Prozentsatz eingefroren (seit dem Jahr 2016 lag dieser bei 7,3 Prozent), brauchen die Krankenkassen höhere Einnahmen, dann müssen sie sich diese allein von den Arbeitnehmern holen, über einen Zusatzbeitrag. Die Arbeitgeber sind fein raus. Höhere Kosten sind nicht mehr ihr Problem. Allerdings wird die große Koalition auf Initiative der SPD diese Ungerechtigkeit wieder rückgängig machen und ab 2019 die Kosten wieder gleichermaßen auf Arbeitgeber und Arbeitnehmer verteilen.

Ähnliches zeichnet sich in der Rente ab. Diese wollte man zukunftssicher machen, indem man neben der staatlichen Rente auch eine private Säule aufbaute. Das heutige Rentensystem war vom damaligen Bundeskanzler Konrad Adenauer in den 1950er Jahren eingeführt worden. Bis zu diesem Zeitpunkt war die Rente rein kapitalgedeckt gewesen, d.h. die Arbeitnehmer sparten Geld an, das ihnen dann im Alter ausgezahlt wurde. Nach dem Zweiten Weltkrieg mit großer Inflation in der Nachkriegszeit und Währungsreform war von diesem angesparten Geld jedoch nicht mehr viel übrig. So lag die durchschnittliche Rente in Deutschland mit 60,50 DM nur knapp über der gesetzlichen Mindestrente von 50 DM, obwohl die Wirtschaft gerade ein Wachstumswunder erlebte und es allen Leuten, eben mit Ausnahme der Rentner, besser ging. Die Bundesregierung sah sich mit einem beständig wachsenden Heer älterer Bürger konfrontiert, die mit ihrer Rente kaum genug zum Leben erhielten.

Die damalige Bundesregierung unter Konrad Adenauer machte sich deshalb an eine große Rentenreform, die die Not der Rentner lindern sollte. Da die Kapitaldeckung der staatlichen Rente nicht ausreichte, um den Rentner ein menschenwürdiges Leben zu ermöglichen, stellte man das System auf das sogenannte Umlageverfahren um, bei dem der arbeitende Teil der Bevölkerung die Renten für die heute lebenden Rentner bezahlt, während der Arbeitnehmer selber kein Geld anspart, sondern nur eine Berechtigung für eine spätere Rente aus der Rentenkasse erwirbt.

Im Übrigen gab es in der Geschichte Deutschland mehrmals den Versuch, eine rein kapitalgedeckte Rentenversicherung aufzubauen, doch immer kam es durch Kriege oder wirtschaftliche Schwierigkeiten dazu, dass man das System in ein Umlageverfahren umbaute, weil dies deutlich stabiler ist. Steigt das Einkommen der Arbeitnehmer, zum Beispiel aufgrund einer hohen Inflation, dann kann auch die Rente steigen. Ist die Rente hingegen rein kapitalgedeckt, dann ist sie ein Fall einer hohen Inflation einfach nichts mehr wert, weil das angesparte Geld seinen Wert verliert.

Doch nun befürchtet man, dass aufgrund der demographischen Entwicklung, bei der es immer mehr Rentner und immer weniger Beitragszahler gibt, das Umlageverfahren bald nicht mehr funktionieren würde. Irgendwann müsste ein Arbeitnehmer einen Rentner finanzieren, doch das ist nicht möglich. Allerdings hätte Deutschland wahrscheinlich ganz andere Sorgen, wenn es zu einer solchen demographischen Schieflage in unserem Land käme.

Die Politik, beraten von Wirtschaftswissenschaftler, die zumeist gute Verträge mit der Versicherungswirtschaft hatten, fand eine Lösung für das Problem: Man würde einfach über die Zeit das Rentenniveau absenken, und so die Beiträge stabil halten. Nun hat der Rentner natürlich ein Problem, wenn seine Rente relativ zur heutigen sinkt. Der zukünftige Rentner wird sich nicht mehr das leisten können, was er sich als heutiger Rentner würde leisten können. Es entsteht eine Versorgungslücke.

Im Jahr 2005 waren schon 340.000 Rentner auf staatliche Grundsicherung angewiesen, weil ihre Rente zu niedrig war. Im Jahr 2015 war diese Zahl auf 525.000 gestiegen, und die Armut im Alter wird nach allen Prognosen weiter zunehmen.

Um die Versorgungslücke zu reduzieren, führte die rot-grüne Regierung unter Schröder eine private, kapitalgedeckte Rentenversicherung ein, die sogenannten Riester-Rente, benannt nach dem damaligen Arbeits- und Sozialminister Walter Riester. Um die Rentenlücke zu schließen, sollten die Arbeitnehmer in der Bundesrepublik diese zusätzliche, staatlich geförderte Rente abschließen, in die vier Prozent des Bruttoeinkommens fließen sollten.

Man verhinderte also ein Ansteigen der Rentenbeiträge in zehn oder zwanzig Jahren, indem man die Rentenbeiträge schon heute ansteigen ließ. Das mag absurd klingen, hat aber einen tieferen Sinn: So baute man das Rentensystem ähnlich wie die Krankenversicherung um: Die steigenden Kosten müssen alleine von den Arbeitnehmern getragen werden. Die Unternehmen können so ihre Gewinne steigern, und man hoffte, dass sie mehr Geld in Forschung und Entwicklung investierten, um so Deutschland fit für die Zukunft zu machen. Doch tatsächlich geschah dies nicht. Die Ausgaben für Forschung und Entwicklung blieben unverändert. Man erhöhte allerdings die Dividendenzahlungen für die Aktionäre kräftig.

Abgesehen davon, dass die Beiträge für die Riester-Rente allein vom Arbeitnehmer gezahlt werden müssen, hat diese Konstruktion noch einen anderen Nachteil, zumindest für den Arbeitnehmer: Sie ist kapitalgedeckt. Bei der staatlichen Rente wird jedem Bürger eine Rente garantiert. Bei der Riester-Rente wird nur garantiert, dass das eingezahlte Geld nicht futsch ist (was aber nicht für die Zulagen des Staates gilt; die sind nicht gesichert, und werden von der Versicherungswirtschaft auch benötigt, um ihre hohen Kosten zu bestreiten). Wie hoch die Rendite letztlich sein wird, wie hoch die Rente damit sein wird, und ob das dann noch zum Leben ausreicht, wenn es zwischendurch Phasen hoher Inflation gab, ist völlig unklar. Das Risiko für die Rentenhöhe liegt bei der privaten Rente allein beim Sparer. Doch der ist eigentlich zu schwach, dieses Risiko zu tragen, deswegen sollte die Rente ja eine Sozialversicherung sein, die auf den starken Schultern der Solidargemeinschaft ruht.

Auch die Maßnahmen, die in der Sozialversicherung getroffen wurden, haben nur das eine Ziel, die Schwachen der Gesellschaft zu schwächen. Es zeigt sich wieder das Muster, das bestätigt, dass der Kapitalismus seinen Kampf gegen die Marktwirtschaft mit großer Härte führt.

Der Schutz des Marktes

Die Marktwirtschaft

Kapitalismus und Marktwirtschaft haben unterschiedliche Interessen. Pointiert gesagt fordert der Kapitalist einen freien Markt, um ihn dann zu zerstören; die Marktwirtschaft benötigt einen geregelten Markt und bewahrt ihn.

Der Kapitalist fordert einen freien Markt, doch er meint einen Markt ohne Regeln, einen anarchistischen Markt, dem er seine Regeln aufdrücken kann. Der Markt des Kapitalismus ist so frei wie ein Sklavenmarkt. Kapitalismus ist die Diktatur des Kapitals; der Bürger wird unterdrückt.

Der freie Markt der Marktwirtschaft hingegen bedeutet, dass alle Marktteilnehmer gleichberechtigt sind. Es gibt niemanden, der den anderen Marktteilnehmer vorschreibt, wie sie sich zu verhalten haben. In einer Marktwirtschaft sind alle Teilnehmer frei, nicht nur eine kleine, reiche und mächtige Elite. Eine Marktwirtschaft ist ökonomische Demokratie.

In der Politik haben sich Regeln entwickelt, um eine Demokratie zu schützen. Dazu gehören Gewaltenteilung, Minderheitenschutz und die Wahrung der Menschenrechte. Wie man einen Markt schützen kann, ist auch bekannt: Man muss verhindern, dass sich jemand zum Herrn des Marktes aufschwingen kann. Einen Markt kann es nur geben, wenn es keine Monopole oder Kartelle gibt, einen Markt kann es nur geben, wenn alle Zugang zu den wesentlichen Informationen haben und diese anderen Marktteilnehmern nicht vorenthalten werden. Und einen Markt kann es nur geben, wenn die Schwachen gestärkt wurden, wenn sie nicht länger der Macht der Kapitalisten ausgesetzt sind, wenn sich also alle Marktteilnehmer auf Augenhöhe begegnen. Dies wird zum Beispiel durch Gesetze zum Schutz der Bürger und mit sozialen Sicherungssystemen erreicht.

Eine Marktwirtschaft ist damit immer frei und sozial. Man muss dies nicht noch betonen und von einer freien und sozialen Marktwirtschaft reden. Diese Prädikate sind überflüssig. Sie werden sogar meistens dann eingesetzt, um davon abzulenken, dass man die Marktwirtschaft zerstören will. So meinen viele, die von einer freien Marktwirtschaft sprechen, tatsächlich einen anarchistischen Markt und damit den reinen Kapitalismus, und viele, die von einer sozialen Marktwirtschaft sprechen, wollen tatsächlich die Solidargemeinschaft auflösen.

Der Kampf gegen Kapitalismus und Marktwirtschaft ist Jahrhunderte alt. Zu Beginn der industriellen Revolution herrschte praktisch nur der Kapitalismus, dann hatte die Marktwirtschaft einige Bodengewinne im Kampf gegen den Kapitalismus zu verzeichnen, auch wenn diese Gewinne in den verschiedenen Ländern unterschiedlich ausfielen. In den USA gibt es eine etwas größere Informationsfreiheit als in Europa, auch wurde der Kampf gegen Monopole und Kartelle zumeist härter geführt als in Europa. Auch müssen in den USA Manager bei Fehlern tatsächlich ins Gefängnis – in Europa ist dies eher ein seltenes Ereignis. Andererseits sind die Sozialsysteme in Europa deutlich besser ausgebaut als in den USA. Beide Seiten können also voneinander lernen, wenn sie den Kapitalismus besiegen und eine Marktwirtschaft etablieren wollen.

Doch im Moment hat man nicht den Eindruck, dass die Marktwirtschaft siegen könnte. Der Kapitalismus fährt im Kampf gegen die Marktwirtschaft immer mehr Siege ein, ganz besonders deutlich wird dies beim Abbau der sozialen Sicherung. Letztlich wird nur ein Faktor entscheiden, welche Seite gewinnen wird: Dieser Faktor sind wir alle, der Staat.

DIE ROLLE DES STAATES

Der Staat, die Regierung, vertritt das Volk. Allerdings hat sich über die Jahre deutlich geändert, wer als Volk betrachtet wird. Zwar heißt es, dass die Griechen die Volksherrschaft, die demos kratia, im fünften Jahrhundert vor Christus erfunden haben, doch diese Volksherrschaft schloss viele Mitmenschen aus. So waren natürlich Sklaven, aber auch Frauen und Nicht-Bürger (also all Ausländer oder jene Griechen, die nicht den Militärdienst geleistet hatten) von den Wahlen ausgeschlossen. Alles in allem wird geschätzt, dass nur ein Fünftel bis zu einem Viertel der erwachsenen Einwohner tatsächlich das Wahlrecht besaß.
Ähnlich wurde zu allen Zeiten die Mehrheit der Menschen von der Beteiligung an der Macht ausgeschlossen. Wahlberechtigt war nur der Bürger einer Gesellschaft – und man musste oft ziemlich harte Kriterien erfüllen, um als Bürger zu gelten. So wurde man zum Ende des Mittelalters nur Bürger einer Stadt, wenn man Eigentum besaß und Steuern zahlte. Von den 40.000 Einwohnern Kölns hatten deshalb zum Ende des 14. Jahrhunderts nur etwa 6.000 die Bürgerrechte.
Anfang des 19. Jahrhunderts erstritten die begüterten bürgerlichen Unternehmer für sich das Wahlrecht in England. Doch selbst nach der Wahlrechtsreform von 1839 besaßen so von 6 Millionen Männern in England gerade einmal 839.000 das Wahlrecht.
In weiten Teilen der USA verweigerte man den Schwarzen trotz der Abschaffung der Sklaverei im Jahr 1856 lange das Wahlrecht. Zwar waren den Schwarzen mit dem 15. Zusatzartikel zur Verfassung die gleichen Rechte zuerkannt worden wie der weißen Bevölkerung – doch in der Realität sorgte die weiße Oberschicht mit einem perfiden Gesetzt dafür, dass die Schwarzen keinen Zugang zur Macht bekamen. In vielen Südstaaten der USA wurde nach dem Abzug der nordamerikanischen Unionstruppen dazu ein neues Wahlrecht

eingeführt. Danach erlangte man nur das Wahl- und Stimmrecht, wenn man eine recht hohe „poll tax" (Kopfsteuer) bezahlte. Von der Bezahlung dieser Steuer war man nur ausgenommen, wenn der Vater oder Großvater schon wahlberechtig war – in einem Jahr, das vor dem Jahr der Sklavenbefreiung lag. Da die meisten, gerade erst von ihrem Dasein als Sklaven befreiten Schwarzen arm waren und natürlich keinen Vorfahren besaßen, der vor der Sklavenbefreiung schon hatte wählen dürfen, bedeutete dies de facto, dass die Schwarzen von den Wahlen in den Südstaaten ausschlossen blieben. Erst im Jahr 1939, nachdem Maryland 1915 den Anfang gemacht hatte, war dieses Gesetzt in den gesamten USA aufgehoben worden, und alle Schwarze konnten endlich wählen.

Auch in Deutschland gab es im 19. Jahrhundert Regelungen im Wahlrecht, die die Armen diskriminierten. So herrschte in Preußen das sogenannte Dreiklassenwahlrecht, bei dem die Wähler nach ihren Steuerleistungen in drei verschiedene Klassen eingeteilt wurden; ein Drittel der Stimmen wurden für die reichsten Wähler eines Bezirks reserviert, die ein Drittel der Steuereinnahmen abführten, ein weiteres Drittel für die, die das zweite Drittel abführten, und der Rest für alle übrigen Wähler. Das führte dazu, dass die Stimme eines Wählers in der ersten Klasse ein durchschnittlich 10mal größeres Gewicht hatte als die Stimme eines Wählers in der dritten Klasse; in manchen Bezirken gab es in der ersten und zweiten Klasse sogar je nur einen einzigen Wähler.

Da über lange Zeit nur die Eliten wählen durften und als vollwertige Bürger galten, kümmerte sich der Staat natürlich auch nur um die Interessen der Eliten. Wenn die Arbeiter streikten, dann schickte der Staat die Arme und Polizei los, um die Streikenden zu bekämpfen. Der Wille der Eliten, der Kapitalisten, war über lange Zeit zugleich der Wille des Staates. Die Wünsche der Armen zählten nichts, da sie nicht als Bürger oder Wähler galten.

Dies änderte sich, als die Bürger im zwanzigsten Jahrhundert zu gleichberechtigten Wählern wurden (und man sogar Frauen das Wahlrecht gab). Nun wurden auch die Bedürfnisse der Schwachen in der Gesellschaft gehört, und so ist es kein Wunder, dass mit zunehmender Demokratisierung der Gesellschaft auch der Markt immer freier wurde – freier in dem Sinne, dass der Staat nun Regel erließ, die dafür sorgen sollten, dass die Marktteilnehmer gleichberechtigter wurden. Kartellgesetze wurden erlassen, der Sozialstaat wurde aufgebaut, Verbraucherschutzgesetze und Verbraucherschutzorganisationen wie die Stiftung Warentest sorgen dafür, dass die Bürger den Unwahrheiten der Kapitalisten nicht schutzlos ausgeliefert sind.
Doch dann schwächelte die Wirtschaft, und die Welt wurde globaler. Die arme Wirtschaft musste vor dem harten, globalen Wettbewerb geschützt werden, obwohl dieser für internationale Konzerne nur Vorteile bietet, da sie ihre Wertschöpfungskette optimieren und Steuern „vermeiden" können. Doch das Lamentieren der Wirtschaft stieß in der Politik nicht auf taube Ohren, und man gab den Kapitalisten nach. Einige Errungenschaften der Marktwirtschaft wurden wieder abgeschafft, andere wurden reduziert. Doch der Kampf ist nicht verloren. In Deutschland wurde der Mindestlohn eingeführt (wenn auch nur deswegen, weil die Ausbeutung der Armen durch die Kapitalisten zwischenzeitlich unerträglich geworden war), und nun sollen in Deutschland auch Musterklagen eingeführt werden, um den Verbraucher vor der Macht der Konzerne zu schützen. In Deutschland war es bisher so, dass jeder Geschädigte selber gegen einen Konzern prozessieren musste, wenn er von ihm betrogen wurde oder ein schadhaftes Produkt gekauft hat. In den USA können sich Kläger zusammenschließen und das Risiko der Klage teilen. Eine Alternative ist, dass Verbraucherschützer eine Musterklage anstrengen, die dann automatisch auf vergleichbare Fälle angewandt werden kann, ohne dass jeder Geschädigte einzeln klagen muss. Diese Maßnahme dürfte

Unternehmen und Kunden auf juristischem Terrain nun etwas mehr auf Augenhöhe bringen. Natürlich wehrten sich die Kapitalisten dagegen, da sie momentan viele Fälle allein schon deswegen gewinnen, weil kaum jemand es wagt, das Risiko einer Klage auf sich zu nehmen, und es deshalb gar nicht erst zu einem Verfahren kommt.

Damit diese und andere Maßnahmen, die den Kapitalismus in die Schranken weisen und die Marktwirtschaft stärken, eingeführt werden konnten, braucht es jedoch den Staat. Es braucht die Politik und die Regierung, die diese Maßnahmen beschließt, und es braucht die Bürger, die den Staat im Kampf gegen den Kapitalismus und für die Marktwirtschaft unterstützen – und die Verantwortlichen in der Politik und der Regierung auch immer wieder daran erinnern, dass sie eine Politik für das Volk und nicht für ein paar Kapitalisten machen. Die Unternehmen wehren sich natürlich dagegen. Und gerade in den letzten Jahren wurde immer wieder der Vorwurf erhoben, dass der Staat zu mächtig sei. Manch ein Ökonom und Politiker wünscht sich deshalb „weniger Staat".

Diejenigen, die sich weniger Staat wünschen, wissen natürlich, dass der Staat die einzige Macht ist, die den Bürgern helfen kann, sich der Diktatur des Kapitalismus entgegenzustellen und eine Marktwirtschaft – frei und sozial – zu garantieren. Da die Kapitalisten die Marktwirtschaft jedoch zerstören wollen, um ihre eigenen Profite zu steigern, fordern sie und ihr politisch-ökonomischer Arm, die Neoliberalen, „weniger Staat".

Der Staat erhebt Steuern, macht nie das, was man gerne von ihm hätte, und kümmert sich immer um die falschen Dinge. Eigentlich ist man mit dem Staat nie zufrieden. Eine Forderung nach „weniger Staat" findet deshalb in breiten Teilen der Bevölkerung Gehör, ja, man unterstützt diese Forderung sogar. Dennoch schafft der Staat stabile Verhältnisse und eine in weiten Teilen funktionierende Infrastruktur. Er kann seinen Job also gar nicht so schlecht machen, auch wenn es im Detail immer Verbesserungspotential gibt (niemand ist schließlich perfekt). Damit er seinen Job noch besser machen kann, ist er

Abbildung 30: Die meisten, die weniger Staat fordern, kämpfen gegen die Marktwirtschaft und für den Kapitalismus. Die Bürger müssen deutlich machen, dass dies nicht in ihrem Interesse ist.

aber auf die Unterstützung der Bürger angewiesen. Natürlich dürfen wir uns nicht nur darauf verlassen, dass er Staat etwas für uns tut, sondern wir müssen den Staat, die Politik, die Regierung, auch auffordern und unterstützten, den Kampf gegen den Kapitalismus und für die Marktwirtschaft aufzunehmen.

Wer den Staat schwächen will, der behauptet zwar, er fordere mehr Freiheit für die Menschen, doch tatsächlich fordert er nur mehr Freiheit für eine kleine Elite von Kapitalisten, die durch den Staat in Schach gehalten wird. Wenn diese Kraft fehlt, die Regeln durchsetzen und ihre Einhaltung überprüfen kann, dann werden mehr Bürger in Unfreiheit leben. Der Staat ist die einzige Macht, die uns vor den Kapitalisten schützen kann. Der Staat mit seinen Institutionen ist die einzige Macht, die eine demokratische Gesellschaft und eine Marktwirtschaft garantieren kann. Wer „weniger Staat" fordert, der will mehr

Kapitalismus und weniger Marktwirtschaft. Nur wer einen Staat zulässt, der Rahmenbedingungen setzt und für eine Gleichberechtigung aller Marktteilnehmer sorgt (womit er sich vom kommunistischen Staat unterscheidet, der den Markt übernimmt), der wählt letztlich die Marktwirtschaft. Und dies ist die einzige demokratische Wirtschaftsordnung.

Abbildungsverzeichnis:

Abbildung 1: https://commons.wikimedia.org/wiki/File:Krupp-Werke_in_Essen_1864.jpeg
Abbildung 2:
https://de.wikipedia.org/wiki/Datei:John_D._Rockefeller_1917_painting.jpg
Abbildung 3:
https://de.wikipedia.org/wiki/Datei:AdamSmith.jpg
Abbildung 4:
https://commons.wikimedia.org/wiki/File:Villa_Huegel_Essen_20.jpg
Abbildung 5:
https://commons.wikimedia.org/wiki/File:Close,_No._46_Salt market,_from_Old_Closes_and_Streets_of_Glasgow.jpg
Abbildung 6:
https://de.wikipedia.org/wiki/Datei:Franz_von_Lenbach_Bismarck_1894.jpg
Abbildung 7:
https://de.wikipedia.org/wiki/Datei:Karl_Marx_1867_Hannover.jpg
Abbildung 8:
https://de.wikipedia.org/wiki/Datei:Viktualienmarkt_1900.jpg
Abbildung 9:
https://de.wikipedia.org/wiki/Datei:Standard_Oil_Company_1878.JPG
Abbildung 10:
https://de.wikipedia.org/wiki/Datei:Hospital_room_ubt.jpeg
Abbildung 11:
https://commons.wikimedia.org/wiki/File:Reichstag_mit_Wiese 2.jpg
Abbildung 12:
https://de.wikipedia.org/wiki/Datei:Portrait_of_Milton_Friedman.jpg

Abbildung 13:
https://de.wikipedia.org/wiki/Datei:Pinochet_crop.jpg
Abbildung 15:
https://de.wikipedia.org/wiki/Datei:Microsoft_logo_(1987)_%2B_slogan_(1994).svg
Abbildung 16:
https://de.wikipedia.org/wiki/Datei:Google_2015_logo.svg
Abbildung 17:
https://de.wikipedia.org/wiki/Datei:Volkswagen_Logo.svg,
https://de.wikipedia.org/wiki/Datei:Deutsche_Bank_logo_without_wordmark.svg
Abbildung 18:
https://de.wikipedia.org/wiki/Datei:Deutsche_Telekom.svg
Abbildung 19:
https://de.wikipedia.org/wiki/Datei:Deutsche_Bahn_AG-Logo.svg
Abbildung 20: https://de.wikipedia.org/wiki/Datei:Tollcollect-logo.svg
Abbildung 21:
https://de.wikipedia.org/wiki/Datei:VOLKSWAGENS_ON_PIER_-_NARA_-_542638.jpg
Abbildung 22:
https://commons.wikimedia.org/wiki/File:Sucre_blanc_cassonade_complet_rapadura.jpg
Abbildung 23: https://de.wikipedia.org/wiki/Datei:Exhaust.jpg
Abbildung 24:
https://de.wikipedia.org/wiki/Datei:Android_Nougat_screenshot_20170116-070000.png
Abbildung 25:
https://commons.wikimedia.org/wiki/File:2013_savar_building_collapse.jpg, CC-BY 2.0
Abbildung 26: https://de.wikipedia.org/wiki/Datei:Cacao.jpeg
Abbildung 27:
https://de.wikipedia.org/wiki/Datei:Panama_City-3.jpg
Abbildung 28:
https://de.wikipedia.org/wiki/Datei:Up_In_$moke.jpg

Abbildung 29:
https://de.wikipedia.org/wiki/Datei:Die_Tafeln.svg
Abbildung 30:
https://de.wikipedia.org/wiki/Datei:Coat_of_arms_of_Germany.svg